不一样的
色彩性格

升级版

张勤 / 著

清华大学出版社
北京

内 容 简 介

俗话说，性格决定命运。你了解自己的性格吗？尤其是先天的那部分本然性格？这部分性格是如何受到后天环境的影响的？它又如何影响着我们的恋爱婚姻、亲子养育、职业选择、职场沟通、心理健康……在生活中如何扬长避短？面对不同性格的孩子，如何因材施教？如何根据性格的不同处理好夫妻关系，创造幸福家庭？如何根据不同人的性格特点确定不同的人际交往方法？性格可以被改造吗？它和心理健康有什么样的关系？

作者在本书中运用独特的"红、黄、蓝、绿"四色性格分类法，将色彩性格理论生动地运用到两性关系、亲子关系、人际沟通等诸多领域，分析每种性格的利弊得失，明确每种性格的局限和提升空间，引导你妙用性格，赢得幸福完美人生！

本书封面贴有清华大学出版社防伪标签，无标签者不得销售。
版权所有，侵权必究。举报：010-62782989，beiqinquan@tup.tsinghua.edu.cn。

图书在版编目（CIP）数据

不一样的色彩性格：升级版 / 张勤著. —北京：清华大学出版社，2021.2（2025.4 重印）
　ISBN 978-7-302-57500-9

　Ⅰ. ①不… Ⅱ. ①张… Ⅲ. ①性格—通俗读物 Ⅳ. ① B848.6-49

中国版本图书馆 CIP 数据核字（2021）第 021616 号

责任编辑： 杜春杰
封面设计： 刘　超
版式设计： 文森时代
责任校对： 马军令
责任印制： 宋　林

出版发行： 清华大学出版社
网　　址： https://www.tup.com.cn，https://www.wqxuetang.com
地　　址： 北京清华大学学研大厦A座　　**邮　编：** 100084
社 总 机： 010-83470000　　**邮　购：** 010-62786544
投稿与读者服务： 010-62776969，c-service@tup.tsinghua.edu.cn
质量反馈： 010-62772015，zhiliang@tup.tsinghua.edu.cn

印 装 者： 涿州市般润文化传播有限公司
经　　销： 全国新华书店
开　　本： 148mm×210mm　　**印　张：** 8　　**字　数：** 178 千字
版　　次： 2021 年 3 月第 1 版　　**印　次：** 2025 年 4 月第 3 次印刷
定　　价： 59.80 元

产品编号：082515-01

火（红色）　　向日葵（黄色）　　水滴（蓝色）　　叶子（绿色）

前言

性格由先天的部分和后天的部分组成。人们对性格的解读和分类也是众说纷纭，我结合二十多年的实践经验和学习心得，谈一些对性格的个人看法，期盼能给读者带来一点点启发。

本书介绍的内容以先天的那部分性格为主。写作的初衷有以下几方面。

第一，先天的那部分性格属于"本性难移"，是我们秉性的一部分，所以从性格这个角度来了解一下自己的基本样貌，也是暖心的自我接触和探查。

第二，先天的那部分性格属于原始生命力的一部分，里面包含着我们很多相对稳定的思维模式和行为模式，我们可以从本然性格这个角度来解释一下：我是谁？我为什么是这样的而不是那样的？今天的我之所以成为现在的模样，有多少是本然性格使然？这会使我们释然：原来我天生如此。

第三，人生之路到底要走向哪里？不知道。但有一点是肯定的，那就是每个人都希望过上充实、富足、有意义的生活。先天的性格里面包含了很多天然的优势潜力,是我们天生自带光芒的部分,了解它、抓住它,走起路来就会更加轻松自在。当然,有优势就会有劣势,劣势是生命中的坑坑洼洼,当我们了解它在哪里,就会去做自我保护和自我调整,在前行的路上也一定好过茫然中的摸着石头过河。

第四,只了解自己肯定是不够的,在各种关系中,由己推人,去了解他人,才有可能理解他人,知己知彼,才能友好合作,尤其是我们核心圈的人。有很多时候,我们跟他是最熟悉的陌生人,因为不了解对方为什么非要这样做,为什么痴心不改,为什么这么不同,有多少成分是性格使然、本性难移。

第五,由于先天的这部分性格是相对稳定的,也就会相对顽固。生活中我们总是说要改善性格。怎么改善?从哪儿做起?改善的程度有多大?我想,一个基本的原则就是要在先天性格的基础上去改善,千万不要把天然的自己丢弃,而一味地求改变。

2000年年初,在北京,我第一次在我的老师蒋先生那里听到色彩性格理论,也是第一次听到用红、黄、蓝、绿四种颜色来形容四种性格,其中,红和黄属于外向性格,蓝和绿属于内向性格。当时蒋先生问我:"想象一下,用红彤彤的红颜色去形容一个人,你会想到什么?"我不假思索地回答道:"热烈奔放、激情似火、快言快语、有震撼力、勇往直前、快节奏、很厉害、有视觉冲击力、王熙凤……"我一股脑儿地说出了很多。蒋先生说:"对了,这就是红色性格,也称为力量型性格。"这真是很神奇又很容易理解的说法。以致后来在讲台上,我用《西游记》[①]中的师徒四人举例子,问大家:

[①] 本书中师徒四人的故事主要参考的是1986年版电视剧《西游记》。

"用红颜色去形容师徒四人,你们会想到谁?"不仅成人会指向孙悟空,就连孩子们也都异口同声地说是孙悟空。那黄色性格呢?黄颜色和红颜色同属于外向性格,但黄色的温度没有红色那么高,它的重点不是冲击力,而是明亮、温暖的感觉,这自然是猪八戒。绿颜色是和平色,那非沙和尚莫属!蓝色的深沉与冷静就是唐僧了。

你可能会是典型的红色性格,但也有可能是红色+蓝色,或者红色+黄色,等等。我们在人生的各种境遇中必须不断地打磨自己的性格,以适应环境,使自己更容易被接纳,所以我们成年人现在基本上都是复合型性格。在这种情况下,我们很容易被无意识地推着走,远离了本真的自己,被动地随波逐流,原有的性格框架体系被搅得混乱不堪。我在哪里?我又如何做自己?了解性格吧,那里有我们最原始的力量,主动接受生命中的挑战,主动而积极地去适应环境的需要,灵活地发挥自己的性格潜力,让优质生命力绽放光芒!

人的很多行为之所以如此,都是性格使然,于是就能对己对人有更多的理解、更多的释然、更多的宽容、更多的谅解……当然,除了性格使然,还有性别使然、年龄使然、角色使然、专业使然、修养使然、文化使然、信仰使然……这些都是后天的,目前不是本书阐述的重点。本书主要谈的是四色本然性格,探寻一下我们原本的样子。

2001年起,通过讲台我把这个理论逐渐带到了众多政府机关、企事业单位以及无数的中小学校,运用到领袖风范、魅力营销、人际沟通、团队建设、两性关系、亲子关系、师生关系等诸多领域,与更多人分享。2005年年初,我出版了自己的第一本书——《幸福的香味——按照天性教育孩子》，这个性格理论作为一个板块被列入其中。2008年，应中国教育电视台的邀请，我在《师说》栏目做了12集的系列讲座——《妙用性格》，随后，由机械工业出版社出版了相关的纸质图书和音像作品。2013年，由清华大学出版社出版了《不一样的色彩性格》，2015年，在台湾出版了《你是哪种颜色》。本书这次再版，对内容做了进一步的完善，希望对读者有帮助！

特别感谢王宏开先生为本书作插图！

张　勤

2021年2月

目录

第一章　外向性格之红黄性格　/ 1

一、什么是红色性格　/ 2
　（一）红色性格的优势资源　/ 3
　（二）红色性格的人的成长空间　/ 8

二、什么是黄色性格　/ 12
　（一）黄色性格的优势资源　/ 12
　（二）黄色性格的人的成长空间　/ 19

第二章　内向性格之蓝绿性格　/ 25

一、什么是蓝色性格　/ 27
　（一）蓝色性格的优势资源　/ 27
　（二）蓝色性格的人的成长空间　/ 33

二、什么是绿色性格　/ 37
　（一）绿色性格的优势资源　/ 38
　（二）绿色性格的人的成长空间　/ 43

第三章　外向性格孩子的因材施教　/ 49

一、红色性格的孩子该如何养育　/ 52

（一）要给红色性格的孩子一定的职责和一定的决定空间　/ 54

（二）对于红色性格的孩子，一定要建立规则，并且严格遵照执行　/ 55

（三）从小就要学会去依靠红色性格的孩子　/ 56

（四）要给红色性格的孩子一定的情绪空间　/ 57

二、黄色性格的孩子该如何养育　/ 60

（一）要经常描述他的长处　/ 63

（二）要让黄色性格的孩子感受到爱　/ 65

（三）在整齐划一的问题上对黄色性格的孩子要求不要太严格　/ 65

（四）一定要给黄色性格的孩子安排足够的娱乐时间和空间　/ 66

（五）一定要经常检查黄色性格孩子做事的进度　/ 68

第四章　内向性格孩子的因材施教　/ 69

一、蓝色性格的孩子该如何养育　/ 72

（一）面对蓝色性格的孩子，做父母的要粗线条一点　/ 76

（二）不要用愤怒的语调与他们对抗　/ 76

（三）对于蓝色性格的孩子依然要表扬　/ 77

（四）要引导蓝色性格的孩子表达自己　/ 78

（五）不要催蓝色性格的孩子做决定　/ 79

二、绿色性格的孩子该如何养育　/ 80

（一）对绿色性格的孩子下指令速度不可以太快　/ 84

（二）对绿色性格的孩子不可以同时下达好几个指令 / 85

（三）第一次教绿色孩子做事时，一定要手把手地教 / 86

（四）要经常鼓励他们表达自己的想法 / 86

（五）不要对绿色性格的孩子说"磨蹭"二字 / 87

第五章　性格与职业　/ 89

一、红色性格的人的最佳职业选择　/ 91

（一）军人、警察类工作 / 92

（二）新闻记者类工作 / 93

（三）检察官、律师类工作 / 93

（四）营销类工作 / 94

（五）管理类工作 / 95

二、黄色性格的人的最佳职业选择　/ 95

（一）文学创作类工作 / 97

（二）讲台类工作 / 98

（三）演艺类工作 / 99

（四）公关类工作 / 99

（五）营销类工作 / 100

三、蓝色性格的人的最佳职业选择　/ 101

（一）副职类的工作 / 102

（二）音乐类工作 / 103

（三）心理学、哲学类工作 / 104

（四）文学创作类工作 / 104

（五）秘书类工作 /105

■ 四、绿色性格的人的最佳职业选择 /106

（一）保密类工作 /107

（二）摄影摄像类工作 /107

（三）医务、心理学类工作 /108

（四）高级编辑、翻译类工作 /108

第六章 性格与沟通 /113

■ 一、不同性格的沟通表现 /115

（一）不同的语言表达 /115

（二）不同的表达方式 /118

（三）不同的肢体动作 /119

（四）不同的做事风格 /121

■ 二、沟通中的性格差异性 /123

（一）性格不同，看重的东西不同 /124

（二）性格没有对错，只有不同 /125

（三）性格不同，实现自我价值的态势不同 /126

■ 三、沟通的五大原则 /129

（一）他慢你快 /129

（二）他说你听 /130

（三）他悲你喜 /130

（四）他动你静 /131

（五）他粗你细 /131

第七章　外向性格与人际交往　/ 133

- 一、如何与红色性格的人相处　/ 135
  - （一）红色性格的人的控制　/ 138
  - （二）红色性格的人的被感激　/ 138
  - （三）红色性格的人的领导才能　/ 139

- 二、红色性格的人的自我改善　/ 140
  - （一）学会解释　/ 140
  - （二）学会角色定位　/ 141

- 三、如何与黄色性格的人相处　/ 142
  - （一）黄色性格的人的展现　/ 144
  - （二）黄色性格的人的认同感　/ 145
  - （三）黄色性格的人的乐观　/ 146

- 四、黄色性格的人的自我改善　/ 147
  - （一）学会独立担当　/ 147
  - （二）学着冷静分析　/ 149

第八章　内向性格与人际交往　/ 151

- 一、如何与蓝色性格的人相处　/ 153
  - （一）蓝色性格的人的完美主义　/ 155
  - （二）蓝色性格的人对肯定的需求　/ 156
  - （三）蓝色性格的人的细腻深刻　/ 157

二、蓝色性格的人的自我改善 / 157
　　（一）学会轻松 / 158
　　（二）学会赞美 / 159

三、如何与绿色性格的人相处 / 160
　　（一）绿色性格的人的平安无事 / 162
　　（二）绿色性格的人的被推动 / 163
　　（三）绿色性格的人的耐心 / 164

四、绿色性格的人的自我改善 / 164
　　（一）学习主动 / 165
　　（二）学习表达 / 165

第九章　性格与择偶　/ 167

一、哪种性格的爱人最适合你 / 168
　　（一）红色性格的爱人 / 168
　　（二）黄色性格的爱人 / 169
　　（三）蓝色性格的爱人 / 170
　　（四）绿色性格的爱人 / 171

二、奔波型和休闲型，哪个最适合你 / 172
　　（一）奔波型 / 172
　　（二）休闲型 / 174

三、与性格互补的人结合会怎样 / 177
　　（一）参加舞会的红色性格男生与绿色性格女生 / 178
　　（二）酒会上的黄色性格女生和蓝色性格男生 / 180

■ 四、与性格相似或相同的人结合会怎样　/ 182

　　（一）黄色与红色结合、蓝色与绿色结合有什么好处　/ 182

　　（二）性格完全相同的人结合会怎样　/ 182

第十章　性格与夫妻关系　/ 185

■ 一、如何与红色性格的爱人相处　/ 188

　　（一）别让红色性格的人闲着　/ 188

　　（二）要告诉红色性格的人失败是很正常的　/ 189

　　（三）不要直接跟红色性格的人对抗　/ 189

　　（四）要帮助红色性格的妻子放慢节奏　/ 190

　　（五）一定要跟红色性格的爱人讲清边界问题　/ 191

■ 二、如何与绿色性格的爱人相处　/ 192

　　（一）千万不要对绿色性格的爱人说：太慢、太磨蹭　/ 193

　　（二）不要对绿色性格的爱人大喊大叫　/ 194

　　（三）面对绿色性格的丈夫，一定要经常吹耳边风　/ 194

　　（四）不要强求绿色性格的爱人跟你的节奏一样快　/ 195

　　（五）家里的事情尽量让他做主　/ 195

■ 三、如何与黄色性格的爱人相处　/ 196

　　（一）黄色性格的妻子需要哄　/ 198

　　（二）要经常检查黄色性格的妻子的做事进度　/ 198

　　（三）在整齐划一这个问题上，对黄色性格的妻子不要要求太高　/ 199

　　（四）跟她一起梦想　/ 200

■ 四、如何与蓝色性格的爱人相处　/ 201

（一）帮助蓝色性格的丈夫选择适中的"完美" /201

（二）高嗓门会让蓝色性格的人关闭心扉 /202

（三）黄色性格的人要记住自己的承诺，尤其是细节部分 /203

（四）和蓝色性格的爱人在一起，要学会察言观色 /203

（五）要经常问蓝色性格的爱人"你在想什么" /204

第十章 性格与心理健康 /207

一、外向性格的情绪特点 /209

（一）红色性格的人的情绪特点 /209

（二）黄色性格的人的情绪特点 /210

二、内向性格的情绪特点 /212

（一）蓝色性格的人的情绪特点 /212

（二）绿色性格的人的情绪特点 /213

三、环境对本然性格的不良影响 /214

（一）小心谨慎与自卑 /214

（二）黄色性格孩子的表达欲不被认可 /215

（三）红色性格的男孩被溺爱，用刀捅向室友 /216

四、环境对本然性格的助益良多 /217

五、性格与心理亚健康 /219

（一）红色性格心理健康警示录 /219

（二）黄色性格心理健康警示录 /220

（三）蓝色性格心理健康警示录 /221

（四）绿色性格心理健康警示录 / 223

第十一章 完善性格使人生完美 / 225

一、相信性格是可以改善的 / 226
（一）陈叶的故事 / 227
（二）张蓉蓉的故事 / 228
（三）陈英的故事 / 229
（四）小龙的故事 / 231

二、走出性格的误区 / 232
（一）我的性格不好 / 232
（二）对方的性格不好 / 233
（三）被自己的性格所局限 / 233
（四）误以为很了解对方 / 233
（五）用自己的性格去要求对方 / 234
（六）完全用自己的方式与别人相处 / 235

三、改善性格需要遵循六大原则 / 235
（一）认识自己，做好自己 / 235
（二）没必要改变性格，改善即可 / 236
（三）主动改善，而不是被动改造 / 236
（四）向不同性格的人学习 / 237
（五）花时间重新评判一下周围的人 / 237
（六）请留意同一颜色性格的人 / 238

第一章
外向性格之红黄性格

以《西游记》中的唐僧师徒四人为例，唐僧的性格以蓝色为主，孙悟空的性格以红色为主，猪八戒的性格以黄色为主，沙和尚的性格以绿色为主，由于大家对这四个人物比较熟悉，所以本书选择以他们为例来进行说明。需要说明的是，文学作品中的人物和现实中的人还是有很多区别的，所以可用来做个参考，最终还是要回归生活，在真实生活中发现我们本然、本真的那部分性格。

本章主要介绍外向性格的特点，即红色性格和黄色性格。

一、什么是红色性格

红颜色有强烈的视觉冲击力，特别有分量感，温度极高。红色性格的人有这样的特点：他们坚定、坚强、豁达、热情而奔放，《西游记》中的孙悟空就具备很多红色性格的特点。

（一）红色性格的优势资源

1. 掌控力

红色性格的人很容易说了算，大家也很容易听他的，很自然地就服从了他。不要说孙悟空了，就是几岁大的红色性格小孩，不知道什么叫领袖，也没学过什么叫领导力，可是你会发现，他轻轻地一挥手，一群孩子就会跟着他走。他很容易就能当上孩子王，不用选举，也不用事先做什么准备，都是很自然的。这是红色性格的人的天性里带来的，他骨子里就有这个东西，或者说他的性格里就具备了领导者的潜力。

红色性格的人是指引方向的人。他知道自己该往哪儿走，所以其他一些不太有主意的，或者反应稍微慢一点儿的人，一看红色性格的人的那个状态，就不由自主地跟着他走了。

我们来看孙悟空。我们看到的孙悟空，他并不是领头人，唐僧才是领头人。可是我们都有一种感觉,在这个团队里面,有时唐僧是主心骨,有时孙悟空是主心骨,而沙僧和猪八戒就不会给我们这样的感觉。我个人甚至认为,这个团队中孙悟空是主心骨的时候更多一些,掌控全局的是他。孙悟空是坚定的、果断的,很少犹豫不决。孙悟空这样的性格更容易快速地横扫一切。

2. 结果导向

红色性格的人做事情是结果导向的,所以他知道自己该往哪里前进。如果红色性格的领导问你:"任务有没有完成?完成了多少?告诉我结果就好了!"如果这时你回答:"领导,这件事我还没完成,因为……"想找出一些理由博得他的同情,而没有把事情的结果作为重点议论,那会让他不爽,你就等着挨批吧。千万不要跟红色性格的领导人找借口,他不容易听进去,还会嫌你啰嗦。你就直接告诉他完成了多少,还剩下多少没有完成,准备采取什么样的措施,什么时候完成。在情感和事情之间,他首先看重的是事情,或者说在人和事儿之间,他更容易首先看到事儿。

小孩子也是一样。带他去超市,大多数孩子喜欢在超市里玩很长时间,唯有红色性格的孩子玩的时间相对来说比较短。玩一会儿他就急了,他会对妈妈说:"妈,随便挑两个走就得了!"他们要的是结果,而其他孩子要的是过程:这里多好玩啊,整天在这儿待着都行!有好玩的、有好看的、有好拿的,还有好吃的!但是,红色性格的孩子从小就能够显出直接追求结果的特质。

再来看孙悟空。遇到敌情,唐僧希望有一个思考的时间,想到的是化敌为友、以柔克刚。但孙悟空要的是速战速决,他感觉唐僧解决问题的方法不能快速见分晓,于是不由分说,拿下妖怪,干净利落地结束战斗。这在唐僧那里很容易被评价为莽撞。以柔克刚也是一种战术,很难说谁的好谁的不好,由于性格的不同,他们愿意或者善于采取不同的方法解决问题,都无可厚非。总之,红色性格的人做事像孙悟空:快速、坚定、纯粹、直指结果。

3. 黑白分明

一位父亲这样教育他的孩子:"儿子,你知道什么叫游泳吗?游泳就是:要么浮上来,要么沉下去,非此即彼。"

父亲接着说:"知道什么叫生活吗?生活就是要么生存,要么死亡!"

孩子问:"爸爸,那还有半死不活的呢?"

父亲斩钉截铁地说:"半死不活也视为死亡!人不能那么活着!"

这位父亲就是红色性格的人,他是爱憎分明的,黑就是黑,白就是白,没有中间色。

我们来看孙悟空。当妖怪出现时,他从不会想到"感化"二字,妖怪就是用来恨的,妖怪就是要彻底消灭的,没有任何回旋和同情的余地,他爱憎分明。对待妖怪,他只有消灭这一种解决方法,而不会考虑第二种解决方法。于是,我们在剧中看到,他是从来不听师父劝告的。他的策略就是打、消灭、横扫一切。如果妖怪就是困难的话,红色性格的人对待困难不会躲避,不会轻易放弃。妖怪的作为被红色性格视为挑衅与侵略,会立刻激发红色性格的斗争意识,在生活中,这种特点被称为迎难而上,上升为一种道德层面的精神。这种精神有着先天的性格基础,在后天环境中,如果把这种性格特点用到了主流文化认可的范畴内就称为迎难而上的好品质,反之就近似于犯上作乱、野牛闯阵、鲁莽妄动……所以,先天的这部分性格没有好坏之分,只看后天的环境如何给予评价。

4. 不怕挫折

面对压力的时候,红色性格的人不会惧怕,会迎着困难而上。压力和挑战反而会使红色性格的人异常兴奋。

我们通常说：你看人家某某多强啊，从不会轻易地被打败。有些人通过历练，也可以具备这样的品质，但红色性格的人不需要历练，他性格中就具备这样的潜质，或者说他天生就具备这样的品质。

其实，人要舒服就要尽可能最大限度地做自己。唐僧在很多方面就是看不惯孙悟空，唐僧非常希望孙悟空也像沙和尚那样听话。可是我们想想，如果让孙悟空做了沙和尚，孙悟空会舒服吗？他还不得别扭死啊！现实生活中，我们追求的是如何最大限度地做自己，同时又能够最大限度地与人合作，把事情做到最好。

红色性格的人是最勇敢的人，他们敢作敢为，敢为天下先，敢于承担责任，再重大的事情也敢一担挑，这种勇敢的品质是他们天生就具备的，是值得我们学习的，也是值得我们欣赏的。

再来看孙悟空。有一次师父不要他了，这个打击对他来说是巨大的，但他不轻易放弃。沙僧去花果山请孙悟空归队时，发现他竟然自己施法变出了师徒四人，准备继续去西天取经。沙僧看到队伍里还有他自己，真是气坏了，师兄弟二人大打出手，一直打到了天宫，请菩萨出来了断才算完事。

5. 越挫越勇

红色性格的人是非常倔强的，有着巨大的心理能量。有人说，不撞南墙不回头，可这类人遇到南墙后选择的是把南墙撞倒了，再把这种不屈不挠的精神用在克服困难上，着实大大推动了他前进的步伐，常常把对手落得远远的。

有的人遇到困难很容易停下来看一看，红色性格的人也会，但用的时间很短，快速抉择是他的兴奋点之一。有的人遇到困难会稍加努力,没有达到目的就会完全放弃,找各种理由不干了,或者认为这不是一个值得奔赴的目标,但红色性格的人最可能完成在别人看来不可能完成的任务。有的人在努力的前期就已经预测到未来的压力,就会趁早调转船头,另辟他径。红色性格则不同,大多时候,一旦选准目标就会勇往直前,无论遇到多少艰难险阻,都不会让他放弃。他的坚持力会让他一次次地冲出泥潭,在这过程中会屡战屡败,他的选择是屡败屡战。他坚持到了最后,这种屡败屡战的精神特点很可贵。

(二)红色性格的人的成长空间

每一种性格都不是完美无缺的。知道自己的强项,也要了解自己的短板,非常明白自己的不足,知道它在哪里,经常用观察者的眼光看一看这部分,熟悉这部分,并勇敢地拥抱不足,而不是排斥和讨厌。友好地对待所谓的缺点,知道尺有所短、寸有所长,当缺点冒头时能迅速地觉察到,那之后所采取的行为可能就是觉醒后的行为。

1. 有关自信

红色性格的人很好强,他从不缺少自信心。这份好强使得他有力量、有分量,帮助他战胜了很多平常人战胜不了的困难,让多少人仰望并自叹不如。红色性格的人要明白:不能过分好强,要考虑到环境的需要,比如你在长辈面前,就要收敛些,在权威面前就要谦恭些,在幼儿面前就要温和些……好强过分就容易走向自负。太好强了，就容易节奏过快，团员跟不上，会影响协同作战。太好强了，容易忽略对方的反应速度或者置别人于不重要的位置上，也许你是无意为之，但却降低了别人的重要性，而显得一味地强调自己。很多时候，会因此赢了道理而输了人情。

再来看孙悟空。如果说师徒四人中谁是离"自负"最近的，那一定是孙悟空。他的身上有自以为是的元素——"我绝对正确，都应该听我的"。从故事情节上看，他是正确的，是人是妖他都分得清，但这是作者安排的，现实生活中就不一定了。我的红色性格学员中就有人跟我说："我真的没发现我有什么做得不对的。"我问他今年多大了，他说 32 岁。我们很难相信，一个人活了 32 年了，他从来没做过错事。这就是红色性格，他那么纯粹，从不从悲观角度看问题，他会认为自己的所作所为都是有道理的，很少用"做错了"来解读自己。

2. 有关失败

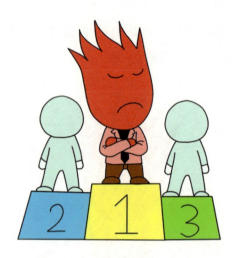

红色性格的人属于强硬派,他们不允许自己失败,也不能容忍周围人的失败。因此,他们经常给人以压力,用自己的强势给对方带来压力。其实,每个人都不希望自己有压力,给别人的压力太多、太大,就会缺乏弹性、缺乏柔韧性、缺乏丰润性。别人对你的回应就是:要么敬而远之,要么弃之而去。红色性格的人不允许自己失败,这可能会筑就他们的成功,也可能导致他们的失败。性格真的是把双刃剑。

再来看孙悟空。他不是一个很有弹性的人,他是很强硬的,反观猪八戒和沙僧,他们的柔韧度就要好一些。同样面对失败,要是猪八戒,这次失败了,下次再说呗,最多懊恼一时,他对自己的能量有着弹性的评估。而孙悟空在除妖的过程中向来是一鼓作气,无论有多大的困难,绝不半途而废,直至胜利。红色性格的孙悟空很享受除妖的过程，他把成就、成功看得比生命还重要。孙悟空在剧中最大的功劳就是无数次的除妖，他极其看重在这个过程中成就感的体现。在他骨子里是不接受失败的。如果妖怪占了上风，他会愤怒不已、气急败坏，他会想尽各种办法，做出各种尝试，争取胜利。或者换句话说，红色性格的孙悟空不会面对失败，因为他不知道该怎么办。

3. 有关孤傲

通常红色性格的人最大的敌人是人际关系。别人会说他很骄傲，总觉得自己了不起，看不起别人。于是他在不知不觉中把自己放在高高的位置上，他最容易体验到"高处不胜寒"。红色性格的人很难坐下来静静地与别人谈心，或者说，在一段对话中，他很难把话语权长久交予对方。对于红色性格的人来说，他自己一点儿也没有瞧不起别人的意思，可是这份性格使然让他得罪了别人，自己还浑然不知。其实，这份高傲他不是故意摆给什么人看的，只是不知不觉给人的感觉而已。红色性格的人本身并不怕得罪人，坚持真理是他的出发点，但这份坚持经常会把自己变成孤家寡人。

再来看《西游记》。师徒四人中，谁离孤傲最近？一定是孙悟空。我们就没发现他有谦虚的时候，在猪八戒和沙僧面前他肯定是目中无人的，特别有老大的范儿。即使在师父面前他也可以做到不听话，顶嘴、犟嘴最多的就是他了，最容易惹师父生气的也非他莫属。很多时候我们可以感觉到孙悟空在独自坚持着自己的主张，像一个孤家寡人，但事实证明他是正确的。这就是红色性格的人了不起的地方，他的洞察力和决断力都是一流的。

二、什么是黄色性格

我们想象一下黄颜色，它是亮丽的、开放的、明快的；有透明感，没有深沉神秘的感觉；它是轻松的、没有压力的。人群中有类似性格的人我们用黄色性格来代表。红色和黄色都属于外向，既然都是外向，那他们有什么不同呢？还是用唐僧师徒四人做比较吧，在他们四人中符合上述特点的自然是猪八戒。很多人对猪八戒也是多有微词，猪八戒是性格使然更多一些？还是道德使然更多一些？不妨多个视角试试看。黄色性格的特点主要有以下几个。

（一）黄色性格的优势资源

1. 喜欢表达

黄颜色的透亮与轻松，在语言表达上表现得很明显。黄色性格的人通常有着语言表达的天赋，喜欢自己说，喜欢帮别人说，享受滔滔不绝带给大家的快乐，他是最容易掌握幽默感的，也是最容易眉飞色舞的。黄色性格的人要所有的人都看到他的存在，知道他的快乐、享受他的快乐，最好是大家一同快乐着，他是团队的开心果。才几个月大的宝贝谁都可以抱走，不认生，在还是幼儿园年龄的时候就跟谁都热衷表达，很爱讲话，嘴巴不愿意闲着，他没有陌生人的概念，会快速而自如地跟不认识的人搭上话。黄色性格的成年人也如此。我们看到过这样的情景，在超市里，当你正低头挑选商品时，一个陌生人问你："请问这个牌子好用吗？我也正想买呢。"于是交流就非常自然地开始了。也许进超市的时候你们互相不认识，但出超市的时候你们已经像朋友一样期待再次相遇。

我们来看猪八戒。猪八戒是不认生的，见到谁都有话说，见到谁都一定要说话，甚至跟陌生人说话更让他感到新奇、快乐。很可贵的是，不管对方是嫌他长得难看的仙女们，还是被他妖怪模样吓坏的村里人，他都可以热情洋溢地表达自己。然而我们也看到，他的这个表现会快速化解对方的成见,紧张的空气立刻祥和起来了。剧中话最多的人也是猪八戒,如果这个团队没有猪八戒,不知会是什么样子。《西游记》的收视率这么高,猪八戒这个角色可是立下汗马功劳了的。

2. 活泼开朗

活泼开朗用在孩子身上,大家都很容易接受,但如果用在一个成人身上,除了有正向意义的解读外,可能还会跟不稳重、没有城府、不靠谱等相联系。黄色性格的人活泼开朗,他看事物常常会首先看到积极的、正向的方面,而很少把自己拉下苦海。还记得电视剧《还珠格格》里面的小燕子吧,她的性格原型就是黄色性格,活泼的、好动的、开朗的、快乐的。她的思维很活跃,脑子里经常冒出新的想法,她的生活充满了游戏,而没有古板生硬不可捉摸……无论遇到什么样的困难,她都积极面对,没有什么可以吓倒她,无论是可怕的追兵还是可恶的容嬷嬷。

在压力面前，黄色性格就像水缸里的皮球，除非一直用手压着，否则只要一松手，球就会反弹上来。他是积极向上的人，即使有悲观时候的出现，也是短暂的。因为，开朗着、活泼着是他最舒服的状态，这跟道德无关，是他生命的基本态势之一。这个世界纷繁杂乱，人们总是感到"压力山大"，总是感叹身边有真正乐观的人就好了！黄色性格的人就是这种真正乐观的人，这是极其难能可贵的。从本然性格这个角度来说，他的乐观不是后天下苦功夫修炼而来的，是天生自带光芒的部分。

再来看猪八戒。猪八戒是师徒四人中最开朗活泼的，他是这个团队的开心果、调味剂。有了他，这个团队充满朝气，在艰难险阻当中撒进了太多的快乐与轻松。遇到问题，猪八戒更愿意化解，或化难为易，而不是像红色性格那样去决斗与消灭。

3. 内外一致

什么叫内外一致？就是他心里是怎样想的，脸上就怎么表现出来。就像一汪清水，一眼就能看到底。或者说，他是最不善于"装"的人，也是最不会及最不愿戴着假面具生活的人。从这个角度来说，他真诚而不虚伪。

环境复杂有时候也会给他带来烦恼。比如他要是对某领导有意见，但是又不好表现出来，于是嘴上说人家挺好的，可是脸上的表情早就出卖了他。他实在是不会隐藏自己内心的真实想法，也不会装模作样，因此被认为是最没有城府的人。最令他苦恼的是家人，如果爱人把这看作是不成熟、不老练、没水平……从而不断地教育他、提醒他，甚至批判他，或者不遗余力地改造他，后果将不堪设想——本性使然，改变起来谈何容易！内外一致的性格，包含了坦荡与真诚，这是基础色，是原本就有的特点，后天，在适应环境的过程中，既能保护自己的本真，又能智慧地表现出坦荡和真诚。

看看猪八戒。猪八戒是不会撒谎的，只要有一点点撒谎的苗头，孙悟空就能看出来。即便有时候猪八戒想善意地撒个谎，他的表情也会出卖他。他的内外一致性是最好的，他内心喜欢姑娘，就敢于说出来；西天取经、降妖除魔实在是太难、太累、太麻烦，这些内心的想法只有他敢说出来，他心里怎么想，嘴上就怎么说。重点是他敢于说！我们看到，很多次，眼看解救师父无望了，他会说："咱们分行李，各奔东西吧。"这种内外一致的坦荡和真实会化作可爱使他赢得观众们的欢声笑语。至于解救师父，他又何曾真的放弃过呢？

4. 崇尚浪漫

黄色性格是真正的浪漫主义者。现实生活中，我们经常听到有的妻子表示：想当年谈对象的时候，老公还挺浪漫的，结了婚以后就只知道上班、下班、柴米油盐了。是的，有的人的浪漫是暂时的，因为女孩子都喜欢浪漫，他们才做些浪漫的事讨女孩子欢心，那时浪漫是作为追求爱情不可缺少的"手段"。但黄色性格的人不管是结婚前还是结婚后，都能一直浪漫下去，一直到老。如果有兴趣，可以观察一下，参加广场舞的老年人中一定是黄色性格居多。茶余饭后，他们就跳跳舞、走走时装步、放放风筝、打打门球等，他们是活到老、玩到老、浪漫到老，也因此被称为"老顽童"。

看看猪八戒。在完成任务的途中，他不会忘记"轻松"。不会放过任何好玩的事情，善于释重。比如，有一次师徒四人要过河，河水看起来清清的，大家都很渴了，决定先喝口水，可是舀起河水来，却发现水是黑乎乎的，倒掉再舀还是黑的，换一个地方再舀还是一样,这是怎么回事呢?大家都在讨论河水是怎么回事,要怎么过这条河时,猪八戒竟发现身边的花很好看,便饶有兴致地采了一朵紫色小花塞进帽檐里。取经之路上有那么多困难,需要那么久,情趣和浪漫是不错的调剂和陪伴,缓冲了不少艰涩与苦楚。

5. 快乐感染力

黄色性格的人快乐,同时也能给周围的人带来快乐,这就是他们的快乐感染力。跟黄色性格的人在一起,会有一种很轻松、很自在的感觉。他们通常是机智灵活、比较好说话、容易合作的人,不会斤斤计较、钻牛角尖,他们总是用不同的、灵活的方式在做事。

在黄色性格的人面前,你可以做你自己,因为他对人对己都是宽容的态度,不会苛责。他们是不喜欢给自己压力的人,也不喜欢给别人制造困难，他们善于用愉悦的方式去工作，知道如何缓解压力，从不会把自己置于艰难困苦的郁闷境地，即使郁闷了，也能快速地走出来。同时，他们又很具有感染力，善于用快乐去影响那些在苦闷中不能自拔的人。这里说的感染力和红色性格的人的影响力不同，红色性格的影响力更多是号召力和带动性，而黄色性格的人是用他们那独有的快乐与激情影响着周围的人，会快速驱散雾霾，他们能快速地把自己的快乐传染给周围的人。

再来看看猪八戒。猪八戒没有扮演过领导者的角色，他始终是跟随者，但他也经常说一些自己的主张，有人听、没人听他都能接纳，他需要的是表达。在这个团队里，他可以让大家那紧绷着的神经得以有放松的时候，而且只有黄色性格的他有这般本事。不用刻意而随时随地用各种方法让自己快乐，他的快乐不是挖空心思想出来的，而是善于发现快乐，这样的结果是既滋养了自己，也调节了团队里的气氛。

（二）黄色性格的人的成长空间

俗话说：金无足赤，人无完人。平时活泼开朗，有着浪漫情怀的黄色性格，也有很多地方让自己感觉吃力，要专门费工夫去学习，以达成外人眼中希望的模样。我们要明白他所谓的不足是天生如此，不是他不努力、不聪明、不争气。有这样的认识和心态，就会在后天的改善中多一些等待、多一些允许、多一些耐心、多一些帮扶。

1. 有关记性

　　黄色性格的人经常在找东西。他们不是故意的,他们不想丢东西,但在他们那里,即使是很重要的东西都逃不过被丢的厄运。黄色性格的小孩子会丢书包,黄色性格的成人甚至会丢孩子,更有甚者自己也曾经走失过。有的黄色性格女性朋友在家里面一天到晚都在找东西:"老公,咱们家剪刀又哪去了?"老公告诉她多少次,在哪儿拿了还放回到哪儿,她虽然当时说"记住了,我记住了!"可第二天还照样重复昨天的"故事"。这是黄色性格人群的一大特点。除了东西,人名也经常被他们"丢掉",他们要下很大功夫才能记牢对方的姓名,经常为此而懊恼与尴尬。

　　再来看看猪八戒。具有黄色性格的猪八戒连师父都敢丢,甚至丢了好几回。有一次,孙悟空和沙僧在打妖怪,让猪八戒赶快领着师父先走,于是猪八戒牵着马,让师父坐在马上先走了。他跟往常一样,边走边不停地说着什么。等到孙悟空和沙僧把妖怪打败了回来,问:"八戒,师父呢?"猪八戒说:"师父在马上呢!"一扭头,天啊!师父怎么没了!什么时候没的?其实师父早就被妖怪从马上掠走了。师兄弟还得再次去营救师父。

于是黄色性格的人也会被给予负面评价,粗心、不长记性、不负责任……若能够理解这是性格使然,那会去除很多误会。

2. 有关热情

黄色性格的人非常热情,热情好不好呢?当然好!只不过每个人对热情的尺度有不同感受罢了,或者说大家对热情的要求不一定在一个水平线上。

比如,具有黄色性格的女士与一位男士见面,一般轻轻握握手就可以了,但是可能由于这位男士帮了她的大忙,她太感谢、太激动了,除了握手,还会跟人家拥抱一下。如果是位蓝、绿性格的男士会不好意思的。黄色性格的人只顾自己兴高采烈而不会太顾及对方的接受度,或者人家对热情的接受度如何不是她第一考虑的要素,她的第一要素是让对方知道她很感激、很激动,至于表达方式,除非给她时间刻意思考,哪怕这个思考是一闪念或几秒钟。这就是黄色性格,大大方方地由衷感谢在她看来很正常。

再来看看猪八戒。他的热情经常会把留他们住宿的人给吓坏。如果遇到姑娘,他就会更加热情,甚至毫不遮掩地大献殷勤,经常把姑娘们吓得尖叫着跑得远远的。但反过来想想,跑得远远的姑娘们还会回来,还愿意跟猪八戒嬉闹,这时猪八戒的热情为自己加了分。其实,我们在生活中也可以看到,热情本身没有问题,无所谓对错,只是看我们用的时机是否恰当,用的热度是否合适。

3. 有关夸张

黄色性格的人很乐于表达,也善于表达,平平淡淡的表达在他看来很无趣,像白开水,不足以引人注目,不足以引起重视,重要的是他喜欢酣畅淋漓地说个痛快。所以黄色性格的人总会多多地使

用形容词，把事情往"狠"的方向去表达，这个"狠"通常不是朝那种阴狠的方向，而是加入他的快乐与幽默，使得他容易成为最会讲故事玩文字的人。当然，如果做得过头了，会显现出夸大和演绎的成分，所以，从负面的角度来说，那些爱说大话、爱吹牛的人中不少是黄色性格的人。

再来看看猪八戒。如果说师徒四人中谁离幽默和吹牛最近，那肯定是猪八戒了。他喜欢表达，嘴巴闲不住，表达多了，难免会夸大其词，尤其是在师父面前数落猴哥的时候，那份夸张的数落似乎很过瘾。在遇到困难时，他可能会夸大其词地进行描述与评价，因为困难与复杂是黄色性格的人天生就很排斥的，他在描述的时候通常会带着害怕和为难的情绪，事实上，真要开始行动去解决问题时，他又很善于去发现一些有利于解决问题的积极因素。夸大其词这个事还是要看场景，宽松氛围下无伤大雅，严肃的场景下就要留意了。

第二章
内向性格之蓝绿性格

外向和内向只是相对而言的，在生活中，没有人的表现是绝对的外向或内向，尤其随着年龄的增长，我们的部分本然性格也在逐步地环境化。比如一个先天不爱讲话的孩子经过训练可以成为优秀的演说家。在我们敬仰的伟人当中、我们羡慕的优秀人群里红黄蓝绿性格的人都有。大家有自己天然的行为方式，本然性格属于原始生命力的一部分，它指挥着我们的行为，所以才叫本性难移。天生的这部分性格原本没有好坏之分，只是特点不同。在后天的环境中加入了道德视角的评价，就人为地分出好坏来了。无论外向还是内向都不应成为我们形成偏见的理由，我们依然要明眼识人，对方此举是性格使然，还是道德使然。以《西游记》中的唐僧师徒四人为例，唐僧是以蓝色性格为主，沙和尚是以绿色性格为主，由于大家对这四个人物比较熟悉，所以本章继续以他们为例来进行说明。

蓝色性格和绿色性格都属于内向性格，那它们又有什么不同呢？我们先来认识一下蓝色性格。

一、什么是蓝色性格

我们想象一下蓝颜色——这个颜色有几分沉静、几分神秘，它是安静的、深沉的，是内敛的、不张扬的。唐僧以蓝色性格特点居多。不过，唐僧毕竟是文学作品中的人物，在他的行为中更多地加入了佛性使然，这个部分属后天习得。了解我们先天的那部分性格其实是不容易的，因为，先天的与后天的性格已混为一体，被各自的环境需求所打磨，呈现出来的本然性格已不那么纯粹了。但它毕竟有本性难移的特质在，就此探寻还是不难发现本然的自我。那么蓝色性格都有哪些主要特点呢？

（一）蓝色性格的优势资源

1. 担当之心

蓝色性格的人是愿意担当的，是责任心很强的人。这并不是说其他性格的人责任心不强，而是相对而言，蓝色性格的人很看重自己能为别人做些什么，自己会做得怎么样。一旦答应了对方，就一定会坚持到底，担当到底，他们会考虑由于自己的付出对方是否获得了满足，他们会在乎对方的感受，甚至对方满足感的分值直接影响着他们价值感的分值。不管对方是一个人，还是一份事业、一个团队，等等，他们是愿意付出的人，这也使得他们最具有奉献精神。如果事情没有达成，他可能是最先自责的那一位，而首先推卸责任的人通常不会是蓝色性格的人。

我们来看唐僧，很难看到唐僧贪图享乐的时候。他骑在马上不动声色，一心想着西天取经，明知道路途遥远、险恶丛生，他也会坚持；他关注着每一个徒弟，但很少表现在嘴上。他不是一个自私的、心里只想着自己的人。相反，他为责任而活，信念极其坚定。

活得轻松的人，对自己要求不会太严格，就像猪八戒那样，对自己很宽松，对别人要求也很宽松。而蓝色性格的人对自己的要求很严格，对别人的心理要求也很高。通常别人会感觉他们活得很累，觉得跟着这样的人自己也会累，但蓝色性格的人自己并不觉得，他们认为生活就应该是这样的。如果让他们悠闲地生活，不要操心，不要有所作为，他们反倒会不自在。他们属于可以承受生命之重，不能承受生命之轻的人。

2. 谦虚谨慎

我们从蓝色性格的人身上看不到半点儿张狂的影子，他们总是谦虚谨慎，很少大嗓门，即便不同意你的观点，也不会跟你争得面红耳赤。但这不等于他们放弃了自己的观点，他们会小心地看待问题，更细致地思考，不与人起正面冲突，会绕道而行，继续实现他们的主张。从这一点来看，他们在坚持自己的观点上是很"拧"的。谨慎是他们做事很重要的一个特点，他们不会轻易地相信别人，对待事物，很多时候他们是持怀疑态度的，所以不易上当受骗。他们也极少做冒险的事情，安全与稳妥是重要的考量因素，评估诸多细节及成功的可能性，为了去做某一件事，他们事前会做很多准备和铺垫，谨慎而不冒进。

再来看唐僧。我们看到的唐僧是谦谦君子、温润如玉的。他无数次地反对用武力解决妖怪问题，而想用更谨慎、更婉转、不冒险的方法来解决，虽然孙悟空每次都不听他的劝告，但唐僧仍试图说服他。生活中蓝色性格的人也不愿意用武力解决问题，他更愿意用头脑。无论走到哪里，接触什么样的人，唐僧都是持谦恭的态度。不仅如此，即便在大难临头的时候，自己要被煮了吃肉，或者马上就被强迫跟公主成亲了，他也不会像外向性格的人那样暴跳如雷。有时候孙悟空把他气急了，我们依然能从盛怒之下的他看到其慢性子的表现。快刀斩乱麻的方式不属于他,他教育徒弟时说的最多的一句话就是"休得无礼"。

3. 严格自律

蓝色性格的人对自己要求很严格,对别人要求也很严格。因为他们内心是追求完美的,既然追求完美,要求就会很多很高。他们做事情很严谨,条理清晰、按部就班、追求品质,他们是纠错专家,无论是自己的错,还是对方的错,遇到不顺心的事,他们会首先找自己的问题,先向内求,检讨自己、检讨细节、发现问题,在心里重演过程,所以他们自省的频率较高。

再来看唐僧。我们很少发现唐僧违背过什么纪律,违背纪律次数最多的是红色性格的人,是孙悟空。红色性格的人是最敢于向权威挑战、最容易做出出格的事、最标新立异的人。蓝色性格的人从不挑战权威,也不轻易打破规矩,他们是最能自觉遵守规则的人,即使完全有犯规的理由存在,他们也不会轻易越雷池一步。唐僧要求徒弟们做到的事情，自己一定会先做到。他绝不会做出猪八戒常做的事，比如说风凉话、偷吃西瓜、跟漂亮女孩儿调侃、偷个懒等。由于严格自律，他的那根心弦天生就绷得紧紧的，他极少做出放任自我的事情。他可以管得住自己，不任意妄为。

4. 感情细腻

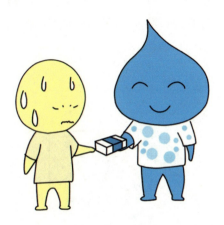

蓝色性格的人很具有同情心，见到可怜、伤感的事就容易动情，特别善于理解别人的感受，也很尊重别人的感受，同理心比较强。他们的情感是细腻而丰富的，很多时候讲大道理无用，以情感人会来得更快。他们情商较高，是重情重义之人。蓝色性格的人从小就会看大人的脸色行事，揣摩大人的心思，察言观色之后才会表达自己的想法。在几个孩子中，他们最能理解母亲的心思，也最懂得心疼母亲。他们很少莽撞行事，张口就来不过脑子绝对不会是他们。面对同样伤心的事情，他们伤心的分值比其他人都高，柔情似水。

再来看唐僧。毫无疑问，他是很有同情心和怜悯心的，正因为这一点,那些妖怪才会经常装扮成可怜之人,出现在他的必经之路上,利用他的善良和同情心来欺骗他。他也很容易轻信那些"可怜人"的话,也正因为如此,他才屡屡上当,人妖不分。但无论上了多少次当,他也依然难以改变,还是义无反顾地走进妖怪为他设的圈套,原因一是与他的佛心有关,一心向善,不会从恶处思量对方;二是"可怜"最容易打开蓝色性格人的悲悯之情。生活中蓝色性格的人在炙热的感情和原则发生冲突时,选择的界限容易趋于模糊,少了快速明辨和干脆利索。

5. 思想者

蓝色性格的人想的时候多,说的时候少。他们思维缜密且三思而后行,能沉得住气,心里装得下事,是下功夫琢磨事的人,可以把问题想得很深入。他们的心思不易外露,经常是一副沉思的模样。蓝色性格的人心很细,他们做事情关注细节,会制订周密的计划。

在生人面前冷静大方，谦恭顺和。他们有自己的成功之道，绝不会大刀阔斧、风风火火地去达成，他们会智取而胜！

再看唐僧。唐僧的状态是深沉的、冷静的，有点捉摸不透他都在想些什么，对比一下就能看出来，猪八戒只要心里有话，一刻也留不住会说出来，爱也好，恨也好，随时跟你分享他的感受；唐僧正好相反，他总是不急于表达，更喜欢思考和观察，他甚至很少跟你谈心。接受了任务后，有的人边干边调整，先干着再说；蓝色性格的人会思虑周全、准备妥当了才干，绝不贸然行进。有句笑谈：悟空总是在做，八戒总是在说，师父总是在想，沙僧总是在看。各自看重的方向不同，各自的行为模式和基本态势不同。而这不同态势的表达正是本然性格。

（二）蓝色性格的人的成长空间

性格是把双刃剑，有优势就有劣势。发挥性格中的优势，尽量在优势圈里做事，更能享受到做自己的快乐，也更容易让所干之事见成效。善待缺点，避免发挥不当。所谓的缺点往往是性格的劣势部分，是自己最不擅长的部分，由于不擅长，所以才要善待，不必自我指责和自我抱怨，要避免将缺点无限放大。了解劣势，是为了懂得自己，不在自己的弱处争强，也不妄自菲薄，客观地评价自己，做出最恰当的选择。

1. 有关严肃

蓝色性格的人是极其严肃的，他们很少喜形于色，更别提眉飞色舞。我们很难见到蓝色性格的人开怀大笑。他们总是在想事情，且总是有事情可想,由于长期在做"想"这个动作,以致他们的表情多为思考状、严肃状。他们有着很强的忧患意识,善于发现事情的潜在危险。蓝色性格的人常常为那些乐天派担忧:不知道前面有多少荆棘吗?不可以掉以轻心啊,万般小心还差错不断呢,有什么可开心的?你们这样的人着实不让人放心。而蓝色性格也许不知道,正是由于有他们的存在,其他人才能轻松快乐地前行,因为所有的风险都有他们在思量呢。蓝色性格的人就是这样,对于以前不开心的事情会牢牢记住,绝不像黄色性格的人那样没心没肺、轻易忘记烦恼。

再来看唐僧。绝大多数时候,唐僧脸上的表情都是严肃的,很少看到他在马背上欣赏风景,也很少看到他跟徒弟们有说有笑,更多时候他是在思考,为前面的路途坎坷而担心、发愁。但他是很有毅力的人,他的目标是奉命西天取经,不完成任务是誓不罢休的,无论他乐观也好,悲观也好,坚韧不拔的精神从未改变过。

2. 有关魄力

生活中最有魄力的当数红色性格的人，他们不被细枝末节所牵绊，善于把控大的方向，继而做出非常有魄力的决定，有大刀阔斧、豁得出去的精神。如果这就是魄力的话，那蓝色性格的人就很少会这样，除非他们后天有历练的经历，否则在一般情况下，他们很容易被枝节的问题所牵绊，顾及太多方方面面，过多关注细节而忽略框架和方向，甚至会捡了芝麻丢了西瓜。

还来看唐僧。红色性格的孙悟空是很有魄力的，当蓝色性格的唐僧魄力不够，又发生了突发事件时，孙悟空就会快速站出来，这也就是他"屡教不改"的原因之一。如果说孙悟空抢了唐僧的风头不合适的话，那蓝色性格的领导人在应该当机立断的时候犹豫不决，谁来快速应战呢！当然，一个人该有魄力的时候就要有魄力，该关照细节的时候就要关照细节，各自擅长的点不同，如果我们有这份觉察，那后天的历练就非常有利成长了。

3. 有关情趣

并不是所有的蓝色性格的人都缺乏情趣。蓝色性格的人是可以情意绵绵的……可是先天的小心翼翼、认真刻苦做过了头，就会走向古板，失去柔和，自然就缺乏了情趣，这主要表现在他们缺乏幽默感和浪漫情怀上。尽管有时候我们可以从他们的谈话里听到一些幽默的语言，但那只是偶尔发生的事情，蓝色性格的人内心深处是缺乏幽默的，因为幽默是一种轻松的状态，而蓝色性格的人不放松，这种能力是需要后天刻意培养才能产生的。他们也同样缺乏浪漫情怀。比如，在结婚前，女友可能会认为蓝色性格的男友还算有点儿幽默，偶尔也会浪漫一下，可结婚以后，男士的表现会越来越回归自然，于是幽默越来越少，浪漫越来越少，这主要是因为恋爱阶段本来就是充满激情和浪漫的，即便不会幽默也会学着幽默，也会制造些浪漫。然而当婚后的生活趋于平静时，蓝色性格的人缺乏情趣的缺点就会表露无遗。

再来看唐僧。我们几乎没有听到过唐僧幽默的语言，也几乎看不到他有什么幽默的举动。面对不听话的徒弟，幽默地批评一下也许是一种不错的方法，但他从来没有尝试过。在被妖怪捉了去，生死攸关的时候，他就更不可能幽默了，不像孙悟空和猪八戒，在大打出手的时候还不忘"幽"妖怪一默。

二、什么是绿色性格

想到绿颜色性格的人，就会感到他们是安静的、平稳的，象征着和平主义。他们给人一种安全体贴的感觉。通常绿色性格的人说话和动作都比别人慢半拍，属于慢性子，他们是世界上脾气最好的人。有的人说：我脾气也挺好的。要看具体情况，如果对刚认识的新朋友，就会表现得脾气很好，但不是对所有人都能一直保持好脾气，这一类人就不能算作绿色性格的人。夸张点儿说，绿色性格的人一生中发脾气的次数是数得过来的。《西游记》中的沙和尚就具备很多绿色性格的特点。

（一）绿色性格的优势资源

1. 脚踏实地

争强好胜的人有很多。有一部分人不争不抢也过得很好，或者说，他们争强好胜的方法更内敛，他们不紧不慢，脚踏实地，按部就班，最后什么事都没耽误，该得到的生活也都得到了！他们内心平静，为人低调，没有野心，总是脚踏实地地做好自己的工作，这样的品质是非常难得的。他们喜欢简单，不愿意把生活搞得很复杂，喜欢平平淡淡地过日子。去争、去抢，实在不是他们的做派，他们不愿意与人为敌，更在乎和谐的人际环境，他们相信在这样的前提下，通过努力也一定能获得幸福的生活。

我们来看沙和尚。不显山不露水，不争也不抢，该做的事情他会踏踏实实地做，跟谁的关系都很好，也得到了应有的尊重，挑着担子默默地陪伴，既不多嘴也不多事，但关键时刻会照样付出最大的努力，比如，大师兄惹师父生气被赶回花果山，他毫不犹豫，去花果山请师兄归队,而大敌当前,他也会英勇奋战到最后。如果团队里有沙和尚这样的人,他还会是一个浮躁净化器,每次大师兄和二师兄起争端,都是这个和平主义者前来劝架。

2. 极少抱怨

绿色性格的人很少抱怨或发脾气,即使他心里有些不满,也很难被人看出来,遇到粗心的人那就更是浑然不觉了。换句话说,由于他们脾气太好了,即便是闹情绪也不是惊天动地的,需要别人用心感受、细心体会才能察觉得到。当然也不排除这样一种情况,绿色性格的人几十年都不发一次火,一旦发火就会像火山爆发一样一发不可收拾。

再看沙和尚。师徒四人中谁最随和?当然是沙和尚。他从来不跟任何人争抢,也不跟任何人吵嘴,不到万不得已也不会去打架。另外,他极少抱怨,记得有一次,当师父又一次被妖怪捉了去,猪八戒说:"算了,反正师父不是被蒸了就是被煮了,要不然就是被拉去成亲了,师弟咱们干脆分行李走人吧！我回我的高老庄，你回你的流沙河。"这时，沙和尚生气地说："二师兄，每次师父出事，你不想着如何去救师父，就想着分行李。"这勉强算得上他的一次抱怨。如果不是大敌当前，被猪八戒多次如此的表现逼急了，他也不会这么说的，毕竟猪八戒是他的师兄，脾气好的人就是这样。

3. 不急不躁

绿色性格的人是最能沉得住气的人，即便是在着急的时候，因此常被认为是最有城府的人。说他们把自己"藏"得很深，不如说他就是这样一种不急不躁、不外露的状态，他也是最能耐得住寂寞的人。很多朋友认为自己也很能享受寂寞，是不是也是绿色性格的人？红黄性格的人偶尔寂寞一下还行，但日子久了就不行了。绿色性格的女性做专职太太就很享受，但红色和黄色性格的人做专职太太，日子久了就会耐不住寂寞，因为红黄性格的人都是喜欢人群的。

再来看沙和尚。四个人中，最沉得住气的人肯定是沙和尚，感觉最有城府的人也非他莫属。他的基本状态就是慢条斯理。那他会不会急呢？当然会！打妖怪的时候挥动家伙的速度比别人慢半拍早牺牲了！他能够快速起来，只是在非常需要他急的时候。但总体来说他是很少着急的。在外向性格的人的眼里，沙和尚一定是很寂寞的，活得没有生气。这其实是杞人忧天，人家自己乐在其中。

4. 和谐为本

绿色性格的人最在乎和谐，挑拨事端的作为向来为他所不屑。如果他是画家，可能会喜欢用同类色来表现画面；如果去买衣服，他几乎不会买大红大绿的色彩，温暖、清淡一些的颜色更容易被他接受；如果在人群里出现了什么不和谐的"音符"，那一定不是绿色性格的人发出的，而如果真是他不小心发出的，他会比一般人窘迫很多。他很看重关系，周围人物之间的关系和谐与否是他最关心的。

再来看沙和尚。沙和尚能在不知不觉中跟团队里的其他人保持和谐的关系,也能够温和地对待团队里的每一个人,他既能接纳红色性格的孙悟空,也能跟黄色性格的猪八戒处得来,更能跟蓝色性格的师父自然相随。孙悟空整天跟猪八戒打闹,却从不找沙僧的麻烦;而猪八戒对孙悟空有那么多的"不满",但跟沙和尚却从来不起争端;唐僧这位领导人在沙和尚面前从来不用什么命令和指挥。沙僧是唐僧唯一没有批评过的徒弟,也是最让他省心的徒弟。

5. 甘于做幕后工作

不是所有的人都能做幕后工作的,那些"冲杀"在前的人总是受到更多的关注,他们认为要得到快速发展的机会,就要敢于打头阵,更多的荣耀也给了这些人,所以很多人都喜欢做"台前"工作。可是一个人在台前演唱,后台要很多人为他服务,音响、灯光、化妆、服装、乐手等,而能够在后台很平静、很享受地工作,甘于奉献的人莫过于绿色性格的人了。绿色性格的人通过后天历练也能享受台前，但就本性而言，他们不愿意置身于众目睽睽之下，会腼腆、紧张与不安。他们不善于一对多，一对一还好一些，但如果面对的是陌生的环境或者陌生的人，他们是需要花时间来适应的，不能像猪八戒那样自来熟。

再来看沙和尚。出风头的事都让孙悟空给占尽了，猪八戒也是喜欢站在台前的人，而沙和尚总是默默地挑着担子，照顾着白龙马，从不急于表现自己。这也许跟他的身份有关，毕竟他是最小的师弟，所以我们看到的他总是跟随者，更重要的是，我们没有发现他有任何不安分的迹象，其实他很享受这种甘当配角的日子。由于他羞于表现、甘于奉献的性格特点，所以做幕后工作也是他最舒服的一种状态。如果大家都认为工作没有高低贵贱之分，那么台前台后其实一样重要！

（二）绿色性格的人的成长空间

人无完人，性格有好的一面，也一定有需要改善的一面。做自己是舒服的，也是最容易出成绩的。但环境又经常向我们提出不同的要求：紧急的事务需要拿出快速的决断能力，去见陌生的客户必须拿出"热情"，等等，所以必须适应环境。如果需要改变，希望也不要是强迫性、被动性地去改造。如果绿色性格的人当兵来到了军营，他会有意识地变慢为快，如果有所变化，那带来的就是成就感。

1. 有关速度

在人群中,绿色性格的人是慢节奏的,能慢就一定不快,上班不迟到就行了,他们不理解那些提前20分钟就到的人。在团队执行任务的过程中要意识到自己这个特点,在需要的时候尽量跟主流接轨,跟多数人保持一致。毕竟生活中有需要快节奏的时候,当他们可以再稍微快点的时候,就会发现自己能力的外延也更扩展了,整个的人生风景都会相应地被扩展。其实在生活中,大多数绿色性格的人都在被环境改善着,比如,对付应急事件必须快速,跟随快节奏的人生活也会受影响,孩子也会提出很多"快"的要求,工作中更会有加快节奏的要求。尽管如此,慢慢来还是最让他们舒服的状态,本然性格会指引着他们尽量缓慢而有节奏地达成愿望。所以,只要不过分就不是问题。

来看沙和尚。师徒四人中,他和唐僧都是慢节奏的,但他比唐僧更慢一些。既然是性格决定的,我们也不必非要做好坏评说,还是要看用得是不是地方,是不是时候。当孙悟空有莽撞之举的时候,他如果能够快速地站出来,或帮助孙悟空说服唐僧,或帮助师父说服孙悟空,那会怎样呢?或者沙和尚也知道自己说服别人的力量是有限的，还不如做好自己的本职，最起码别添乱。有时候不添乱也确实是最合时宜的表现。

2. 有关和气

绿色性格的人脾气好，很少把自己的主张强压于人。他们很少提出自己的意见和主张，这会制约他们短时间内成为有影响力的人物。而一个在团队中缺乏影响力的人很容易被忽视，即使有很多好的机会，别人也是最后考虑到他，大家甚至会觉得他是可以被忽视的，因为忽视了他没关系，反正他脾气好不会怎样！其实什么事情都有一个度的把握，脾气太好了会带来些误解，比如好脾气的人趋向于懦弱，是随便都可以被人捏的"软柿子"，是老好人，无原则的……当然，也有另外一句话用来破解此局，那就是日久见人心。日子久了，周围的人就会从他身上懂得：牙齿虽硬，早早就掉光光；舌头虽软，却能坚持到最后。所以这事还是要看绿色性格的人自己怎么看，是否愿意做多大程度上的改变。有时候跟绿色性格的人讨论问题，讨论了很久都没有得到结果。他们更习惯于服从，口头禅就是"随便""都可以"……在家里也很少提出自己的观点，得罪人的事他们是肯定不干的，总是扮演跟随者的角色，而红色性格的人就不一样了。我们发现，在很多家庭里，兄弟姊妹中最有威望的不一定是老大，而往往是那个红色性格的人。

再来看沙和尚。四个人中最容易被忽视的就是沙僧了，他总是坐在最边上，走在最后，所有的话都让两个外向性格的师兄给说尽了，他只能做观众和听众，永远是配角。如果孙悟空是最小的师弟，他也不会放弃自己说话和做决定的冲动，对很多事情也仍然会是非说不可、非做不可的态度，这是由他的性格决定的。

3. 有关被动

绿色性格的人不善于主动，他拿不准对方到底需不需要他的主动，嘴上也不好意思问。于是，他常常没有主动的意识，有时候想到了还会犹豫不决。他是最善良的人，很怕给别人带来麻烦。他可以尽可能地把主动权让给你，可是如果过分谦让，就会被人尤其是被家人称为油瓶子倒了都不会去扶的"超级懒人"。生活中要看自己处在什么样的环境，万一环境中的人对你的"主动"有需要呢？那出于责任或者出于爱都要意识到这一点，或者对方理解你的做派而放下一些要求，那也是很好的。

　　再来看沙和尚。他很少去迎合二位师兄的积极热情，甚至会看不惯二师兄的过分热情，嫌他话太多、在女孩子面前不矜持，也极少参与二位师兄的趣斗当中。他自己待着也悠闲自得，不是典型乐群的人。我们想象一下，如果师兄不在的时候，他能主动地多站出来几次，师父被抢走的情况会不会少发生一点？如果他再主动一些，团队之间的交流与讨论会不会更多一些？这样说也许对沙和尚的要求太高了，因为我们看到他们之间的相处与合作还是挺和谐的。看来大师兄、二师兄也是宽容他、理解他的。

第三章
外向性格孩子的因材施教

父母都渴望孩子健康成长，外向性格的孩子该如何教育才是最合适的？每个人都有先天本性难移的那部分性格存在，父母往往都有希望孩子变成"这样"，不要变成"那样"的理想或憧憬。我们的期望越高，往往培养时就越用力。用力的时候有多少是依着父母的性格来的，又有多少是关照着孩子的性格来的。有些父母在教育中有心无力时，会在无奈中加入控制与压迫，无暇顾及孩子本性难移的那部分性格，也许父母本来对孩子的本然性格了解就不多，这下就更是雪上加霜了。孩子难移的本性是什么样子？该站在养育中的哪个位置？本性难移里面蕴含了怎样的优势潜能？有关的因材施教，有关的因势利导，有关的良好个性，有关的健全人格……可思考的话题有很多。

笔者在一本书里看到摘录自《圣经》的一段话：要按照一个儿童应该走的道路去养育他，这样当他长大成人时才不会偏离他的本性。从大的方向来说，每个人要走的道路是一样的，比如，我们都想让孩子善良、勇敢，学业优秀……这些大的方向是一样的，但是你会发现他们生活在不同的家庭，接受着不同的教育，有着不同的经历。因此，我们"要按照一个儿童应该走的道路去养育他"，那什么才是他应该走的道路呢？其中一个很重要的因素就是本然性格，外向和内向性格决定了他不同的走路态势，这个部分应该顺势而为，不要偏离他的本性（本然性格），如果要改善他的性格，也应该在这先天性格的基础上去改善。

先来说说外向性格的孩子。外向性格指的是红色性格和黄色性格。外向性格的孩子需要更多的发挥空间，因为他喜欢表达自己，喜欢生活在人群里，享受人与人之间的互动。由于年龄小，表现的水平有限，需要大人们给予充分的理解、支持和帮扶。这个时期如果没有给予足够温暖的指导，而过分严格要求，会使他戴着假面具生活以讨取大人们的认可，可怜的是，他并没有做错什么，只是性格使然罢了，万一他的养育者恰恰喜欢稳重、内敛的性格，也许就在关系中埋下了苦楚的种子。比如妈妈就是喜欢文静听话的二宝，那个嘴巴不停、精力充沛的大宝只会让她疲惫不堪。我们想象一下，父母和孩子长年累月地生活在性格的冲突之中，不知道该如何做调整，灾难深重的应该是孩子。

外向性格的孩子活泼开朗，阳光灿烂，阴霾不会在他身边久留。他通常动手能力很强，能更快速地学会操作。他会主动交往，有着较好的合作能力。在学校，他是班上的积极分子。有他在的时候，组织里的氛围就会朝气蓬勃、充满活力。他是老师的小助手、点子大王，是良好班风的倡导者和积极推动者，跟这样的孩子在一起，总觉得时间过得太快！

一、红色性格的孩子该如何养育

红色性格的孩子很好辨认,他很有主意,知道自己想要什么,脾气是倔强的,自己想不通的事别人很难说服他。他从小就非常有主见,心里总是很有数,一旦认定要达成的目标,九头牛也拉不回来。跟小伙伴在一起,他很容易成为孩子王,或者说,很容易得到伙伴的重视和器重,不知不觉中就成了带头人。他从小就是班上能力很强的孩子,愿意为伙伴排忧解难,热情助人,慷慨大方,不娇气、不爱哭、不扭捏、不矫情,不轻易气馁,不轻易屈服,胆大,不知道什么叫害怕,我行我素,在陌生人面前也是大大方方,自然表达。所以他在大人那里也会得到更多的机会。红色性格的孩子会很考验父母的耐心,因为他是个急性子,急于要答案。大部分孩子青春期才逆反,而红色性格的孩子从小就逆反,因为他坚定地认为自己是对的,那些不认可他、不理解他、不服从他的人都可以成为他逆反的理由。以下为案例分享。

> 有一次,我在超市看到一个红色性格的孩子,大概五岁左右。后来我了解到他跟妈妈之前就约定好了。出门之前,妈妈对儿子说:"今天妈妈带你去超市,你可以买一样玩具,记住了,只买一样玩具。"红色性格的儿子点头说:"记住了。"于是两个人出门了。到了超市,妈妈在低头挑东西,过了一小会儿,扭头一看,天啊!这个小不点儿怀里已经抱了一大堆玩具了,然后就站在那拿出一副对抗的架势:"妈妈,我都要!"妈妈说:"我们不是说好的吗,只买一样,你怎么拿那么多啊?"
>
> "都好,我都要!"

"不行的，说话要算数的，只买一样。"妈妈教育他。

"不行！我都要！"小孩坚持着。

"哪能说话不算数呢？"妈妈继续耐心地劝着。

"不嘛，我就要！"

"你这样将来绝对是要吃亏的！我不能惯你这个臭毛病，说好只买一样，就只买一样！"这时周围已经有些顾客把目光投向这里了。

"我都要！"

"你要吗？我不给你付钱，我走了。"妈妈的耐心已经开始丧失。

孩子哇的一声就哭起来了，五岁左右的孩子还很缺乏理性，他想用哭迫使妈妈妥协。他这一哭妈妈着急了，这个妈妈也是个急性子，看着周围那么多人，恨不得走上去捂住他的嘴不让他哭，可妈妈也不好发脾气。小孩一看妈妈有投降的可能性，就愈演愈烈，扑通一下坐在地上大声地哭喊着，两条腿还在地上踢来踢去。妈妈无奈地叫来服务员说："不好意思，麻烦你把东西都放回原处。"然后满脸怒容地拽着儿子走了。

首先,我觉得这位妈妈带着孩子离开现场的做法是对的。这是公共场所,比较封闭,孩子在这里大喊大哭影响很不好,所以应该领着他先离开现场。但是我估计这位妈妈离开现场后肯定是暴揍孩子一顿。孩子挨了一顿揍,下次就一定能改了吗?扪心自问,大人打孩子,有多少是在教育孩子,有多少是在对付自己的情绪呢?打一顿的结果,很可能是孩子嘴上说不敢了,但下次再进超市又回到老样子。以后你还敢带他进超市吗?

面对红色性格的孩子,作为父母,我们可以做些什么呢?

(一)要给红色性格的孩子一定的职责和一定的决定空间

面对红色性格的孩子,进超市也好,在家里也罢,要给他一些职责,也就是说,必须要给他事做,不能让他闲着,用一些事情消耗他那旺盛的精力,放得太开他就会把一大堆玩具搂在怀里了,或者做出你意想不到的事情。所以,带孩子出去的时候,最好一直牵着他的手,边走边说话:"我们买哪个好呀?""我们一起来挑选好不好?今天买东西你要当妈妈的小助手,你来帮妈妈挑选好不好?"让孩子来决定一些事情,比如无大碍的一些东西,只要不影响原则,就让他做主,这样还会让孩子很有成就感。

比如,妈妈说:"我们要买手绢,你说买哪个颜色好啊?你快来帮助妈妈!"孩子感到被尊重,自己的意见很重要,就会很开心地配合:"那买蓝色。"这时妈妈可以引导他:"为什么买蓝色啊?"孩子就会发表自己的意见,这样亲子关系就会更加和谐。总之,你别让他闲着，如果你不给他事情做，他一定会自己去找事情做，等他把事做成了，你再来处理可就被动了。

红色性格的孩子思维活跃，敢作敢为，所以，如果采取放任的方式，他什么都不怕，什么祸都敢闯。虽然不是对所有的孩子都要严加管教，但对于红色性格的孩子来说，适当的严格教育是必要的。

（二）对于红色性格的孩子，一定要建立规则，并且严格遵照执行

妈妈不能领着孩子赶快逛完赶快走，红色性格的孩子是绝对不干的，他们反而会给你找麻烦。红色性格的孩子在小的时候是最难带的，因为他们会不断地跟妈妈提要求："妈妈我们去这儿吧；妈妈我要那个东西；妈妈快来；妈妈我们干这个吧；妈妈为什么呀……"

我们设想一下，如果在超市妈妈一看孩子又哭又闹就没辙了，说："那好吧，我妥协一下。"于是就会有这样的对话：

"买两样行吗？"妈妈说。

"不行不行！"红色性格的孩子会"欺负"准备妥协的大人。

"那妈妈告诉你最多只能买三样，要不然我就走了！"

孩子心想，三个玩具已经很不错了，也许暂时会答应。表面看来是息事宁人，但可怕的后果已经埋下了。以后再带孩子到超市或商店，他会故伎重演。说红色性格的孩子会欺负大人一点儿也不为

过，如果大人没有原则，又容易妥协，他一定会"欺负"大人。因为红色性格的人常常是强势的，从小就强势，当大人妥协时，他一定会见缝插针，把你变成弱者，你弱下去了，他就变得更加强势了。只要你给他机会，他就一定会让自己强大起来。所以面对红色性格的孩子，父母必须建立起规则并且严格执行。

比如，今天事先建立了规则可以买一样玩具，说了买一样就买一样，如果今天要了一大堆，违反了规则，怎么办？上面案例中的妈妈就做得很对，先领孩子离开现场，绝对不给他买两样。

（三）从小就要学会去依靠红色性格的孩子

这一点是很多父母所不理解的，都是让孩子来依靠我们，哪有让我们去依靠孩子的，尤其是低龄儿童。但是对于红色性格的孩子来说，从小就要给他们一种被依赖的感觉，因为红色性格的人从骨子里来说，就是顶天立地的，是强有力的，是勇敢的，是好强的，是高大的！这个时候要让他们感觉到你在依赖他们，没有他们事情就不会做得那么好。比如，逛超市时，你可以说："今天妈妈幸亏带儿子来了。""儿子，有你真好。""儿子能帮助妈妈拎东西了，太能干了啊。"

如果妈妈给红色性格的孩子这样一种感觉，接下来他们就会表现得更加出色，这是他们内心需要的，希望别人对他们有依赖感。我们要给孩子内心真正需要的东西，做父母的要知道该在哪儿迎合孩子。孩子们长大以后父母就会发现，红色性格的孩子确实最能给父母结实的臂膀。同样是孝顺的孩子，别的孩子会觉得挺有压力的，对父母的这份依赖有很多担心，甚至会感觉疲惫，但是再难他们也要扛起来，做个孝顺的好孩子。但相比之下，红色性格的孩子的能量就更大一些，更轻松一些，甚至会觉得有父母和家人的依赖是一种享受，是一种认可，是一种骄傲，是他们被需要的价值体现。

（四）要给红色性格的孩子一定的情绪空间

通常，红色性格的孩子表现出来的都是急脾气，他们会用哭来表达他们的情绪。你看孙悟空是不是经常着急？师父不听他的，他会生气；妖怪会惹他生气；连猪八戒也经常让他生气。如果不是生气着急，他怎么能够把师父扔下跑回花果山呢？

对于红色性格的孩子，父母要给他们一定的情绪空间，允许他们发脾气。当他们发脾气时你不要着急，不要焦虑，尽管让他们发泄，因为那是他们的需要，是自我发泄情绪的一种方法。在前面的案例中，对于这个红色性格的孩子，就需要给他一个情绪空间，他要哭就领着他出去。但是领出去不是暴揍一顿，而是要蹲下来继续告诉他："今天这个玩具是一定不可以多买的，只能买一样，因为这是我们在家就约定好的，约定好的事情就要说话算数。待会儿我们还会回到超市去，只买一件可以吗？"如果他说："不行，我就要！妈妈，那些玩具都很好！"这时，妈妈要继续坚持规则，只同意买一样。于是，红色性格的孩子就会又哭又闹，他哭的时候你干什么呢？给他一个情绪空间！你只要专注地、默默地看着他哭，甚至嘴角可以带一点点微笑。

专注地看着他哭，这个表情是在告诉他：儿子，你哭吧，我知道你的哭是有道理的，我给你一些时间，尽情地哭吧。嘴角的一点点微笑表示妈妈理解你的愿望，但我们还是要坚持原则。孩子哭够了，看妈妈没有妥协的意思就不哭了，他就知道妈妈不是那么好"欺负"的了。这时你再说："我们还可以再去超市买玩具，但还是原来的规定，只能买一样，好吗？"也许红色性格的孩子还会嚷着："不行不行！那些玩具确实很漂亮！我就是想要！"也许他还会继续哭，那么妈妈怎么办？请继续微笑着专注地看着他，直到他一点辙都没有。如果他还不依不饶，那你就不吭声，继续淡淡微笑着看他发作，直到他觉得没有办法了，感觉到妈妈是不可能妥协的了，他就会妥协。他因为太想占上风，才会用哭来威胁家长，一旦他觉得自己占不了上风，就会偃旗息鼓。对于红色性格的孩子就得这样。

于是，就会有这样的场景：

"决定了没有？只买一样行吗？"

"那好吧，我要自己挑。"

"好的，你真的只要一样吗？"

"真的。"

"只买一样？"

"只买一样。"

"还会哭吗？"

"不会哭了。"

"真的不会哭了?"

"真的不会哭了。"

"好孩子,来,妈妈抱一下。"

"那我们现在就去挑选吧……"

这个案例最重要的一点就是按照规则行事,这样的解决方法既没有伤害孩子,妈妈也没有生气,还为以后的教育铺平了道路。主要依据的是什么?就是孩子的性格特点,这是"顺性管理"的思路。

最后,在日常生活中,我们还要帮助红色性格的孩子放慢节奏,他们的节奏太快了,从小就比别人快,甚至会比大人快,要有意识地让他们知道,人有的时候是可以慢下来的。慢下来的时候,思考会更全面、更稳妥。教他们遇到事情的时候不要急于做决定,三思而后行。他快你就有意识地慢,像刚才这个案例中的妈妈一样,一定要慢下来:你那么急着哭、那么急着买,我就不着急了。这时孩子也会跟着慢下来。

二、黄色性格的孩子该如何养育

首先，黄色性格的孩子非常好辨认，他们坐不住，像屁股上有钉子一样，扭过来扭过去。黄色性格的孩子听老师讲课，只要听会了他们立刻就跑出去玩了，而不会像蓝色性格的孩子，即使听会了，还会继续安静地坐着。这是他们的性格使然，红色性格的孩子学会了，也会坐不住，但是黄色性格的孩子淘气频率更高，他们的小动作最多，闲不下来。这样的孩子是多动症吗？不是！在多年的个案咨询中，我接触到不少这样的孩子，被误认为是多动症患者，其实他们就是黄色性格的孩子！

有这样一个例子：

> 有一对双胞胎兄弟，大林和小林，妈妈领着他们来我我做咨询。这对双胞胎男孩都才上小学二年级，大林是蓝色性格的孩子，很乖，很安静，尊重权威，通常老师说什么就是什么，学习很好，老师也比较喜欢他。妈妈发愁的是小林，小林学习也很好，但每次数学测验都得不了满分。错在哪儿呢？是因为粗心大意，粗心是黄色性格人的一大特点，他们的性格属于粗线条。而蓝色性格的哥哥大林正好相反，是谨慎、细致、小心类型的。所以哥哥的存在，在客观上总是衬托出弟弟的淘气、粗心……
>
> 妈妈还经常听到老师"告状"："你们家的小林自己不听课还打扰别人，上课的时候就爱插嘴，那天我问了一个问题，

说举手发言,你们家小林把手举得最高,还来回摇晃着!一点坐相都没有,我就不叫他,因为我知道,他回答问题经常是丢三落四的。可是,我不叫他还不行,他在那儿喊:'老师叫我,我知道!'没办法了,就叫他起来回答,我还提醒他这个问题要从两个方面来回答。小林大声地回答完后,咣当一声就坐下了,等着我的表扬。可是,周围的同学都在笑他,他不解地问:'你们笑我干什么?'邻桌说:'老师说了,分两个方面回答,你才回答了一个方面怎么就坐下了?'小林嗫嚅着说:'那……那我就想起来一个方面。'我哭笑不得,两个方面你才回答出一个方面就敢把手举成这样!"

上面的这位老师，之所以会被小林惹生气，甚至以后都不太愿意再叫他回答问题，是因为他并不了解小林的性格。孩子这样做是他的性格使然，请不要跟他生气，他不是故意捣乱，也不是故意忘掉，因为这就是他。所以在这个问题上，对他就不要要求太严格，要求太严格了就成了坏事。因为这个老师不了解孩子的性格，就批评了小林："以后想清楚了再举手。"结果，黄色性格的小林大胆而积极发言的举动，不仅没有受到肯定，反而听课的积极性被打击了。

> 期末考试完，家长会结束后，老师走到小林妈妈身边，又一通"告状"：你看，小林考试也没大林考得好，而且课堂纪律尤其不好，最近又把小军的笔给弄折了，还跟小军打架。妈妈很生气，回到家就对小林说："立正，站好！"开始教训起小林来了，结果其中有一句话把小林给惹怒了："你就是不如哥哥，什么时候能像你哥哥那样我就安心了！"
>
> 小林一下子爆发了："妈妈，你从来都说大林好，干脆你别要我算了！"其实，孩子们最怕比，这个跟性格没有关系，红、黄、蓝、绿所有性格的孩子都不愿让你拿他跟其他人比。小林非常生气，而且妈妈的话就是一个导火索，把这么长时间以来对大人们的不满全部都爆发出来了，结果这个孩子像疯了一样闯到妈妈跟前，小拳头像雨点一样打在妈妈身上，然后转过身去把他桌子上所有的东西都扔到了地上，又跑到哥哥的床边把他的床单全都掀起来，把他哥哥桌子上的东西也

> 全都弄到地上。妈妈害怕了,说这个孩子是不是疯了,于是找到了我来做咨询。

小林这是怎么了?其实小林一点问题都没有,妈妈是由于不懂得孩子性格的特点才造成了这样的后果。小林是一个典型黄色性格的孩子,那么,父母对黄色性格的孩子能做些什么呢?

(一)要经常描述他的长处

对于黄色性格的孩子,要经常描述他们的长处,可是不管是什么颜色性格的孩子,只给予称赞是不够的,或者称赞的方法不合适也是不行的。对于黄色性格的孩子来说,不是简单的一句表扬就能完事的,要经常描述他们的长处,并且最好在人多的时候。我问这位母亲:您做过吗?母亲:没有。缺点还描述不过来呢,怎么会描述优点？

受到称赞是小林内心一个很强烈的愿望，所有的孩子都需要表扬，但是红、黄、蓝、绿四种性格的孩子相比较而言，最需要表扬的是黄色性格的孩子。恰恰生活中谁都不去表扬他们，都只看到了他们的淘气。我经常举这样一个例子：

> 有一棵苹果树，树上结满了又红又大的苹果。这时一个妈妈走过来说："哇！多美啊！这么多漂亮的苹果，又大又红又鲜亮，真好！"而另外一个母亲走过来往树上一看，说："哎？那个苹果怎么回事？都有黑点了，你看到了没有？怎么还不把它摘下来？"

现实中就有这样的母亲，在孩子面前，她会觉得我的孩子太好了，这儿好，那儿好，怎么看都顺眼，满树的好"苹果"！首先树立一种这样的心态。然后再说：哎，这个苹果有一个黑点了，你注意到了吗？要小心啊！这就是看到了缺点。而有的父母往孩子面前一站就开始挑毛病：你这儿怎么回事？你这点可是不好啊，要马上改正啊。差别就在这，有的父母以提出孩子优点为主，有的父母以提出孩子缺点为主，甚至有的父母会只说缺点，不说优点。

在中国的传统文化中，很多父母都喜欢这样说："我是为你好，所以我会首先把缺点说给你，让你明白自己哪儿不好，赶快改了，你就更好了，我是爱你才这么说。"但是那些优点呢？没说。你要是不说出来，孩子怎么会知道自己的长处？所以，要经常当众去描述他们的优点，尤其是黄色性格的孩子。

（二）要让黄色性格的孩子感受到爱

黄色性格的孩子是感受型的，如果你想要他们感受到你的爱，光说出来还不够，给个眼神也不够，还要经常去搂一搂、抱一抱他们，拍拍他们的小脸，握握他们的小手。这样他们才能感受到妈妈真的是很爱自己，在妈妈的怀抱里真好。还有一条很重要的原则就是要把爱说出来、说给孩子听：妈妈爱你，你是妈妈的好孩子，一天没见到你了，妈妈好想你啊……

通常老师和同学很难和孩子有这样的亲密接触，也很难说出这么甜蜜的话语，只有父母才有条件做到这些，只可惜小林的妈妈不懂得，造成小林的感受是：妈妈把爱都给大林了，他感觉不到妈妈喜欢他，因为他对喜欢的认定就是：经常夸赞，描述长处，亲密地搂在怀里，拍拍小脸。接受爱也是一种能力，如果从小这个孩子就接受不到爱，长大后他也不会接受别人给予的正常的爱，而早期的学习一定是父母亲给予的，在给予中学会了接受，这对于一个人一生来说都是至关重要的。

（三）在整齐划一的问题上对黄色性格的孩子要求不要太严格

对于黄色性格的孩子，不要老是与比他们表现好的孩子做比较，一次两次没关系，如果父母总是用这种方式教育孩子，孩子得不到认可，被贬的感觉会让他们很恼火。年龄越小，越不懂得客观地评价自己，小孩子的自我评价往往来自养育者的评价。像小林，就尤其不能拿他跟哥哥比，哥哥是蓝色性格的孩子，如果同时让黄色和蓝色性格的孩子学习收拾桌子，并坚持一尘不染，黄色性格的孩子肯定比不过蓝色性格的孩子。对于桌子的整齐度，若蓝色性格的孩子是 100 分的话，那黄色性格孩子的 80 分就相当于 100 分了。性格不同，要求不同。他们各自优势的侧重点不同。

黄色性格的人很粗线条，他们特别不善于整齐划一、把环境搞得井井有条。如果在这个问题上对他们要求特别高，超出他们的能力，他们会非常痛苦。爸爸妈妈可以从小就去培养孩子整齐划一的习惯，但是要求不要太高。如果你是一个蓝色性格的妈妈，更要注意这一点。因为蓝色性格的妈妈是最讲究整齐的，是最有条有理的，她就更加看不惯黄色性格孩子的"乱糟糟"。所以，我们要首先考虑到孩子的性格特点，依照特点来养育他们，而不是以我们的喜好来要求孩子。

比如，书包是不是整齐，自己叠的被子是不是方方正正，自己的小桌面是不是特别整齐，在这些问题上，只要没打扰到别人，家长和老师都可以认为是正常的，就不要管得太严格。如果他们真的影响到别人了，再去管也不迟，但也应该点到为止，不要太过激。拿蓝色性格的优势跟黄色性格的劣势相比较，也不够公平。也许对于一天要管理几十个孩子的老师来说，他更喜欢蓝色性格的孩子的安静、守纪律、听话……如果是这样，父母就更应该多疼爱黄色性格的孩子了，要知道他在学校有多不容易、有多希望得到理解。

（四）一定要给黄色性格的孩子安排足够的娱乐时间和空间

红、黄、蓝、绿四种性格的人中最爱玩的就是《还珠格格》里小燕子那样的孩子。不让黄色性格的人玩行吗？他们一生都在玩。

他们认为人生就是游戏，游戏就是人生。他们善于把很枯燥的事变成游戏来做，能把复杂的事情简单化、娱乐化。这样的人好不好呢？太好了！他们永远都是个孩子，黄色性格的人即使到了晚年，他们的生活也会比其他老人过得要好，因为他们永远有兴致玩，也特别会玩。他们的晚年生活会过得很充实、有情趣，这大大缓解了老年生活的孤独感。可以说，玩是他们生命的需要。有的人是玩也行，不玩也行，或者需要别人的带动才会去玩，而那个带动者通常就是黄色性格的人。

我们接着说黄色性格的孩子，像写作业这样的事，如果内向的孩子可以坚持半小时，那就得允许黄色性格的孩子写20分钟就起来活动活动，一定是在接纳他们的前提下，再说培养他们的好习惯。怎么培养呢，先坚持写20分钟就允许他们起来活动，连续坚持20天；然后坚持写25分钟再起来活动，连续坚持20天；然后是30分钟，这样渐进式地进行……20天只是个数字，并不是一定要20天，主要看孩子适应的情况而定具体的天数。父母要带着温暖的鼓励陪伴，其间根据孩子的年龄特点、性格特点来逐步调整和培养。另外，还要给黄色性格的孩子留下更多的娱乐时间，不然他们很难坚持按照你的要求去做，没准儿索性不写作业就直接跑出去玩了。

其实好习惯的养成并不难，只是太多的父母存在以下三个问题：一是没有好方法。养成习惯的方法很简单，就是坚持，一般是20天左右就能基本养成，再巩固一些时间就可以了。对于黄色性格的孩子，一定要给他们足够的空间，让他们能够有耐心坚持下来，否则他们就知道玩了，好习惯无从谈起；二是急功近利，没耐心，恨不得孩子在一夜之间把所有的好习惯都养成，这自然是不现实的；三是缺乏意志力。所有的父母都知道该养成哪些好习惯，但实际上孩子保留下来的好习惯是很少的，一个重要原因是双方都没有毅力坚持。

（五）一定要经常检查黄色性格孩子做事的进度

前面我们说到，黄色性格的孩子玩性太大，干正事的时候，很难长时间坚持，所以需要不断地提醒他们：作业写完了没有？还有多少？我们说好了9点休息啊，看好时间啊！他们容易边写边玩。忘性最大的是黄色性格的人，但他们不是有意忘了。

所有的父母都希望孩子改掉缺点，对于黄色性格的孩子来说，要想让他们改正缺点有一个最简单、最容易的方法，就是表扬他们。比如，他们写作业很潦草，你可以说："我觉得你今天的作业比以前工整了一些啊。"其实一点都不工整，但你就这样说试试，千万不要责备他们。这样你很可能会惊奇地发现，接下来的一段时间里，孩子的作业写得越来越好。这时候，你还可以接着说："谁说我儿子作业不工整？瞧瞧比以前工整多了，写得好，有进步！看看这个字……还有这个字……横平竖直，这些字在田字格中的位置很正确，真好看！"黄色性格的孩子就是这样，只要你表扬他们，他们一定是跟着表扬走的。黄色性格的孩子更适合赏识教育。

但并不是所有的孩子都一样，比如红色性格的孩子就很倔强，不用表扬他们也认为自己是最好的，对他们来说表扬也行，但不依恋。对于红色性格的孩子，需要用激将法："你这作业写得还行，你的字也就这样了。"越这么说，红色性格的孩子越要写得工整！对黄色性格的孩子千万不要用这样的方法，所以说，不同的孩子要区别对待。当然，表扬要有度，还要根据黄色性格的孩子受表扬后的各种反馈，适度调整。表扬过度，至少会造成两种情况：一是得了表扬依赖症；二是表扬无用症。

第四章
内向性格孩子的因材施教

先天的这部分性格在孩子小的时候就可以看出来,而且年龄越小,性格使然的概率越高,也越好辨认。等年龄大了,就有了性别使然、角色使然、道德使然等。如果说性格可以决定命运,那么性格一定是从小的时候就开始在孩子身上发挥作用的,而且贯穿整个生命,在很大程度上决定着他们的思维模式和行为模式。

我在一本书上看到来自《圣经》的一段话:请调整你对孩子的养育方式,使它适应孩子天生的发展模式,这样当他逐渐成熟时就不会背离他天生的生命模式。

原来,人是有天生的生命模式的,每个人都有着自己天生的生命模式。我理解的这个天生的生命模式里面很重要的就是指本性难移的那部分性格。

这份本然性格引领着我们走完自己一生的路,我走路的姿势和你走路的姿势一定是不同的,从这个意义上来说,我们就更加有理由来了解一下本性难移到底是怎么回事，它是如何影响孩子的，我们该如何依照孩子的天性去养育他们、陪伴他们。性格不同，教育方法一定有所不同，第三章我们讲到了如何与外向性格的孩子相处，本章来谈一谈与内向孩子相处的要点。

内向性格的孩子指的是蓝色性格和绿色性格的孩子。内向性格的孩子需要更多的关注，因为他们不习惯表达自己，周围人需要细心一些才能感受到他们需要什么，所以对于内向性格的孩子就更需要细心、认真地感受他们、聆听他们。如果父母也是内向性格的话，那他们之间理解起来就会容易一些，恰恰是外向性格的父母更需要用心，如果能蹲下看着孩子，多给孩子一些时间就更好了。

内向性格的孩子的动脑能力大于动手能力，相对外向性格的孩子来说，他们是稳重的、内敛的，心里藏得住秘密。好动与疯玩是所有孩子都会的，只是相比之下，内向的孩子更能快速安静下来，也能较长时间保持安静，这使他们可以不厌其烦地思考问题。如果有引导和带动，他们会表现得更好，因为他们的积极性和主动性不怎么外露，需要了解和发现。在学校，他们是相对比较听话的，会严格按照老师的要求去做。他们说话可以是婉转的，但由于年龄小不会婉转时，就会先不表达，听你说。你说对了，就跟你合作，没说到他们的心里，就会默默地坚持自己的主张。他们对那些直来直去的话很敏感，如果只是陈述事情没问题，但如果是批评或者是当众称赞的话，就很容易让他们拘谨甚至脸红。他们不张扬，更不会张狂，谦虚谨慎是他们的主旋律，也是他们受欢迎的重要因素。

一、蓝色性格的孩子该如何养育

我们先来看一下蓝色性格的孩子，他们属于性格稍微内向的类型。蓝色性格是敏感型的，很小的变化或细节都能被他们捕捉到，这使他们粗心大意的概率要比外向孩子少很多，也使得他们对知识点的捕捉、对重点的捕捉都更加迅速和准确。在学校他们是最受老师喜欢的一类孩子，老师如果说这道题得用五个步骤完成，蓝色性格的孩子就会乖乖地按五个步骤来完成，很少投机取巧。听话往往使得他们的基础知识掌握得很牢。蓝色性格的孩子的情绪是相对比较稳定的，学习成绩也是比较稳定的。如果他们对老师有意见，不会轻易地表现出来，只是心里有数而已。外向性格的孩子就不同了，是否喜欢老师，他们都会立刻表现出来，老师也立刻就能看得出来。蓝色性格的孩子会察言观色，不做出头鸟，不多话，也不多事，安分守己，是老师比较放心的孩子。他们是感情细腻，追求完美型的，喜欢安静地游戏，甚至不喜欢被打扰，包括上课，他们也能够安静地长时间专注，写作业也能坐得住。喜欢琢磨，这一琢磨，就把事情往深处思考了，再加上他们的天生敏感，总会及时发现重要的点，这是他们很厉害的地方。对孩子优势的喜爱也不要过分，往往是优势在乎过分了，会去往反方向。专注很好，过分强调专注会影响他们的活泼和开放性；认真很好，总在强调则容易走向较真与刻板；小心谨慎很好，减少了犯错的概率，但也容易变得胆小，等等。性格真的是把双刃剑。父母再爱孩子，也很难帮他做到完美无缺，只能带着一颗平常心，了解他的本真，把握分寸，让他用自己最擅长

的方法成就自己,智慧相助。举个例子:

有一次我去幼儿园给那里的老师们讲课,上午我提前到了幼儿园去听一堂课,老师在上图画课,画了一个大楼房,旁边有太阳、草坪什么的做点缀。然后给小朋友们发纸,让他们自己画。

小女孩婷婷(大概也就是四五岁的样子)刚画了一会儿就举起手来,老师走近她,她说:"我这个画得不好。"于是又要了一张新的纸开始重新画。刚画了一会儿,又不画了,在那儿哭起来了。老师很紧张——有老师在后面听课呢,你哭什么呀?

老师走过去,极力劝她不要哭出声来,其实我觉得这没有关系,课堂上出现什么样的情况都是很正常的。为了安慰她,我就走了过去,跟她一起蹲了下来说:"老师,别着急,没关系的,问她怎么回事。"于是,我们就问这个小朋友怎么回事,为什么哭呢?原来,第一张纸发下来以后,她觉得自己画得不够好,画不下去了,越看越不好,就跟老师又要了一张纸,回来接着画,没画几分钟,又觉得画得不好,如果再要求换张新的纸,就觉得不好意思了,而且也很生自己的气,为什么又没画好,就哭了。

我把她的第一张画拿过来看,我说:"你这大楼房不是画得挺好吗?"

"不好!"

我说:"怎么不好呢?"

"地平线不直……"婷婷边哭边说。其实地平线歪点没什么关系,这不是问题,这样画下去完全可以。可是对一个蓝色性格的孩子来说这样劝是不行的。

我又把她的第二张画打开,看上去也不错啊。我说:"这张不是画得挺好的吗,地平线很直的呀!为什么不画下去了啊?"

"那个窗户……画得不像窗户。"小女孩还哭得很伤心。

我说:"这挺像窗户的。"

"不嘛,就是不像……窗户。"

后来我明白了,是因为窗户这个田字格画得不够方正。蓝色性格的孩子追求完美。我回头一看,那个小老师脸上很紧张的样子,我对老师说:"不要紧的,不要生气,也不要着急。小朋友从小就懂得追求完美,对自己的要求很严,这是好事情。"

后来我说:"你已经画得很好了,窗户稍微歪一点儿没关系,只要能看出来是窗户就行了呀。"

"不好不好!不好嘛!"婷婷还在委屈地不依不饶。看来只是口头上这样劝说是不行的,她不能接受。

我说:"那你跟我来。"

这时候已经有很多小朋友陆陆续续在交画了。我就领她到老师低矮的讲桌前,我从这一堆画里面挑出来三五张,有的画得更加不像窗户、有的地平线更加不直。我指给她看,说:"你看看他们的窗户和地平线……"你猜这婷婷怎么样了?噗嗤一下就乐了。就在那一瞬间一扭头不理我了,一蹦一跳地跑开了。她这噗嗤一乐,是在说:跟这些小朋友相比,原来我是完美的,很不错的!

蓝色性格的孩子一旦想通了，立刻就云开雾散了。对于这样完美型蓝色性格的孩子，该怎样跟他们相处呢？

（一）面对蓝色性格的孩子，做父母的要粗线条一点

孩子追求完美，父母就别太完美；孩子是细线条，父母就要粗线条一些。因为蓝色性格的孩子太细致了，他们是注重细节的人，正是由于太注意细节了，以至于看不到整个大局。就像上面案例中的婷婷，整体看来是大楼房就可以了，可是她会在细节上纠缠。所以，我们要注意的就是：孩子细，父母就要粗。想象一下，如果孩子大人都很细致，都追求完美，都是较真的人，那会怎么样呢？很可能双方都深陷痛苦而不能自拔。

蓝色性格的孩子本身对自己的要求就很高、很严，本来就是一个活得很累的人，如果父母再用高标准去要求他们，只会加重他们的累。累得过头了就会形成焦虑。我到过很多学校去讲学，在小学和中学里可以看到不少的孩子因为达不到自己的标准而自责，因为达不到父母的要求而伤心，因为考不到好成绩而焦虑。蓝色性格的孩子绝对不是那种没心没肺的孩子，对于他们的敏感、细腻，就是要粗线条地对待，从而使他们更加地大气，不妨让他们多去看看周围的人，或者说多看看外面的大世界，尽量别给他们钻牛角尖的机会，教他们思考问题有一个遵循的方向，就是要在大局下考虑细节。

（二）不要用愤怒的语调与他们对抗

上面的案例中，婷婷的老师做得很好，没有粗声大气地跟她说话，

而是耐心地询问她发生了什么事。对蓝色性格的孩子大声说话，很容易让他们感觉到是在挨批评，他们脸皮很薄，也许被瞪一眼就会哭呢。如果是在家里，爸爸妈妈说不定就会急了："哭什么哭？动不动就哭！怎么这样没出息？快点做呀，哭有什么用！"大人们一着急，一些狠话就会从嘴里横着出来。对待蓝色性格的孩子，不要用高声调愤怒地与他们对抗。蓝色性格的孩子是这样的，如果你用高声愤怒的语调跟他们对抗，他们立刻就不说话了，或者继续哭自己的，容易把自己封闭了，不再理会对方了。如果是青春期的孩子，大人也这样用高声愤怒的语调与他们对抗，他们会立刻关闭房门，可以好多天不再跟父母说话，而且以后有类似于这样的问题出现，也绝对不再有探讨的余地和机会。他们是很敏感的，也特别懂得保护自己，你伤害他们一次，他们绝对不会给你机会伤害第二次。

婷婷就是这样的孩子。所以对这样的孩子，不要用高声愤怒的语调对待她。她也是一个很要强的孩子，红、黄、蓝、绿四种性格的孩子都很强，只是他们强的方式不同。那么蓝色性格的孩子是怎么强的呢？就是我们常说的，很拧。他们会默默地坚持自己的主张，除非能立刻说到他们的心坎上，使他们打开心扉，否则他们可以长久地默默无语，但内心依然牢记自己的主张。

（三）对于蓝色性格的孩子依然要表扬

所有的孩子都需要受到肯定，蓝色性格的孩子尤其需要，但是表扬的方式应该跟别的性格的孩子有所不同。我们前面说过，对黄色性格的孩子，可以当着众人的面去描述他们的长处；红色性格的孩子本来就以为自己是最棒的，能得到你的承认就行了；绿色性格的孩子，对他们点点头、伸伸大拇指就很好；而对蓝色性格的孩子，表扬应该是温和的，而不是大张旗鼓的，因为他们是害羞的，脸皮很薄的。还有很重要的一点，如果能够表扬到细节部分，那就是蓝色性格的孩子最喜欢的，因为他们很关注细节，所以特别希望你能看到他们漂亮的细节。

比如，上面案例中说到的婷婷，我们可以这样表扬她："你的地平线画得比较直，不信你跟别的小朋友比比看；窗户稍微有点歪，但也没关系，我们能清清楚楚地看出来这就是窗户啊。"你要表扬到这种具体细节。如果笼统地说"画得不错"，她会找不到感觉，或者会以为你是在敷衍她。再比如妈妈问孩子："你今天还好吧？"如果对方是蓝色性格的孩子，就会认为你是在敷衍他们。你一定要问到非常具体的细节，比如，今天在学校过得愉快吗？有什么好玩有趣的事情？最喜欢哪堂课？还记得王老师的经典句子吗？这可能是蓝色性格孩子想要的。要关注孩子，迎合他们的心理需要。

（四）要引导蓝色性格的孩子表达自己

蓝色性格的孩子既不像外向性格的孩子那样抢着说话，也不像绿色性格的孩子那样极少说话，他们不主动、不表达，只做听众也没问题。婷婷就是这样的，她是内向型的，通常不太愿意主动去表达，只是在那里哭，老师发现了主动问她，她才开始表达。如果是外向性格的孩子，早就把手举得高高的了，或者会大声地叫老师，或者干脆跑到老师跟前了。对于这样含蓄的孩子，大人有时也很发愁：

只是闷着不吭声，或者自己哭，有心事不愿意主动跟大人分享，如果真的有什么事怎么办呢？面对这样的情况，有的父母不理解就急着训导："哭什么？你倒是说话啊？"其实孩子就是这种性格，需要我们理解，理解他们以后，我们就不容易烦躁了。父母要主动地关照他们、走近他们。蓝色性格的孩子有一个特点，如果父母给他们很大的安全感，他们是很愿意表达的，他们的表达水平一点问题都没有，只是能沉得住气而已。

沟通是一种习惯，是从小就可以培养的。对于内向性格的孩子，更要注重从小就不断地跟他们说话，找更多的机会让他们说话，鼓励他们多参加班集体活动、参加班干部竞选、参加演讲训练班，等等。有的父母不懂得这一点，给蓝色性格的孩子报体育类的班、乐器类的班，这些班当然也是对孩子有很多益处的，只是这些项目内容都是练得多、说得少，不利于孩子们的语言发展需要，常常是孩子某些方面的技能成就不小，但却不会表达自己。父母应该意识到这一点，技能方面要培养，语言表达方面也要从娃娃时期抓起。

（五）不要催蓝色性格的孩子做决定

内向性格的人是被动型的，像婷婷这样的孩子，她的节奏会稍慢一点，所以她要想做决定，一定是想清楚了、想完整了、想得完美了，她才会说出来。大人在帮助她解决问题的过程中，不管你多着急，不管你说了什么，也不管你说了多长时间，如果没有真正说服她，她是不会做决定的，她的"拧劲儿"也表现于此。所以最好不要催她，因为催也是没有用的，她是不会配合的。婷婷对自己的作品不满意，已经难受得哭了，老师的第一反应是这个孩子打断了教学秩序，该怎么应对呢？所以会很着急，就催着她赶快做决定："别哭了，赶快告诉自己不要哭了。"蓝色性格的孩子可不会理会这些，如果不能很好地解决，她会一直哭下去，或者一定要自己想明白了才会停止。最后，我让她比较了其他小朋友的作品，那些作品中的地平线更加不直、窗户更加不方，但依然可以看出来是大高楼，是窗户，于是她立刻知道自己不是差劲的，就在那一瞬间自己做了一个决定：我明白了，没有哭的必要了。于是转身蹦蹦跳跳地就走了。

有多少父母为孩子的成长付出了毕生的心血，但成效不大，有个重要原因就是对孩子的了解不够，尤其是心理活动特点了解得不够。这份了解并不难，难的是父母是否有足够的时间陪伴，是否留给孩子足够的耐心去发现。

二、绿色性格的孩子该如何养育

我们再来看绿色性格的孩子。绿色性格是前面我们讲到的最内向的、最不愿意说话的一类性格，很多时候他们没有说的欲望，但心里明不明白呢？当然明白。他们跟别的孩子一样聪明，但他们大部分的时间是只看不说，心里很明白，观察力是最棒的，用一句俗话说是，哑巴吃饺子——心里有数。从另一个角度来说，从小注重语言的发展训练就很有必要。绿色性格的孩子很温暖，微笑的表情最多，与人为善，极少吵架和打架。他们可以长时间地自己玩耍，玩得津津有味，长大后是不会轻易焦虑的人。他们不愿意给别人带来困扰，自己的事情自己打理，是最不给父母找麻烦的孩子，非常暖心和贴心，他们在默默无闻中积累着自己的智慧，喜欢帮助别人，有事找他们帮忙，他们会很乐意。他们有着很强的容忍度，不争不抢，以不温不火、稳重踏实的步调追求上进。

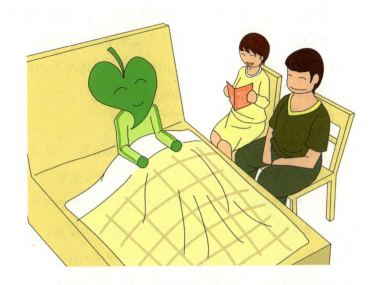

建议父母一定要从绿色性格的孩子小的时候与他建立起一个习惯，就是坚持有一段定期"温馨时光"，一周至少一次，每次时间可长可短。这个时间一定是以孩子为主角的，父母可以全部参加，也可以一方参加，主要是来做听众。在这个"温馨时光"里，孩子想说什么就说什么，父母不可以批判、批评、教导，更不可以指责，以后也绝对不可以拿这个时间里的话来说事，要绝对保证孩子的安全，保证绝对的"温馨时光"。孩子上小学的时候，坚持这样做会让他们有一个极其安全的心理港湾，在这个时间，孩子知道自己是安全的，有什么委屈可以在这个时间诉说；孩子对自己拿不准的事儿可以在这个时候诉说；对父母有什么不满也可以在这个时间诉说；

心里有秘密也可以在这个时间诉说；甚至自己在外做错了什么事也敢于在这个时间诉说。也许孩子小的时候，你不觉得这么做有什么必要性，但是如果一直坚持下去，一直到青春期的时候，孩子内心有话就愿意跟你说了，为什么？因为"温馨时光"已经建立起来了。孩子越大越有想法，有想法跟谁说呢？平常都没习惯跟你说，突然有事要跟你说，他们根本说不出来！但是如果从小培养了这样的习惯，孩子就会明白，家里有一个"温馨时光"，自己可以在那个时间去表达。

孩子有很多不明白的事，有很多平常不敢说的事，有很多平常不好意思说的事，都可以在这个时候去说，因为他们知道这个时候是最安全的。这样既能培养孩子的表达能力，同时又培养了亲子之间良好的沟通习惯。这一点对于绿色性格的孩子更为重要。亲子之间的沟通互动一定是从小开始的，尤其是内向性格的孩子。外向性格的孩子的沟通不太令人担心，比如黄色、红色性格的孩子，你扔给他们一个问号，他们能说出一火车话来。但对于生来不怎么喜欢表达的绿色性格的孩子来说，培养良好的沟通习惯就显得尤为重要。当然，"温馨时光"的做法也适合所有性格的孩子。

有一个这样的例子：

> 有一个五岁的男孩叫点点，在一个星期天早晨起来，妈妈加班走了，只有他和爸爸在家，爸爸在外屋忙活着，点点就在自己的房间玩，他把所有的玩具都给鼓捣出来，在地上认真地摆了起来：这儿是他的家，这儿有他的家庭成员，这

有他的城堡,还有河流、山川,包括河里的动物和山上的动物都摆出来……他简直在制造一个他自己的地球!玩得高兴得不得了!

突然,爸爸推门进来了:"点点,爸爸要去买菜,就在楼下,很快就会回来,你一个人在家待着。你怎么把地上搞得这么乱?你要干吗?我烦死你了!跟你说啊,今天你妈妈不在家,就咱们两个人,你可别给我找那么多麻烦事!别让我天天跟在你屁股后面收拾。赶快收拾干净!听见没有?快点啊!"爸爸边走边嘱咐:"我给你说,我买完菜一会儿就回来,你赶快把玩具收拾好。收拾好了去把昨天那还没画完的画接着画完,再写一张大字,别忘了每天要写一张大字的哦。点点可乖了。快收拾啊!"

爸爸边说边走了,猜猜看这个绿色性格的孩子会怎么样?首先,他心里会怎么想?会舒服吗?人家刚才还在自己的"地球"上顶天立地呢,突然爸爸来发了这样一通号令。肯定不舒服,极其不舒服!那么他会怎么办?他并不会跟爸爸犟嘴,但他也没有把玩具收拾起来,而是像个小大人似的背着手在屋里走来走去,然后在那想辙,想发泄他的情绪,溜达来溜达去,溜达到了爸爸的书房,结果想出了一个发泄他情绪的办法来。

原来,点点的爸爸有一个很大的书桌,上面放满了文房四宝,平常写毛笔字、画画都在这里进行。由于今天的爸爸让他讨厌,于是点点就给了爸爸一个这样的"回馈":他把桌子上的文房四宝统统摆在了地上，而且是整整齐齐地摆在了地上……我们可想而知爸爸回来后那惊讶和愤怒的表情。

我们再回过头来看看这位爸爸在什么地方做得不合适，令孩子做出这样的举动；思考一下绿色性格的孩子又需要什么样的父母。

（一）对绿色性格的孩子下指令速度不可以太快

点点是个慢节奏的孩子，可是爸爸没有顾及这一点，发指令时就像开机关枪，这对一个绿色性格的孩子来说是很可怕的事情，他不是那种伶牙俐齿的孩子，语言来得比较慢一些。于是，他只能默默地不去抵抗，但心里肯定是不满意的。所有的孩子都希望得到肯定，父母要下功夫去发现孩子那些值得肯定的地方。可是大人们太忙了，总是急冲冲地下指令，不关注细节，不关注孩子的情绪，不关注孩子的心理变化，不关注孩子接受的速度，只是为了尽快解决问题，用大人的节奏去要求孩子，于是大人、孩子经常不在同一个频道里，这也是亲子之间发生冲突的主要原因之一。而对于绿色性格的小孩，父母更要蹲下来，仔细地询问一番，然后再适时下指令。同时，下指令时的语速不要太快，这样就更适合绿色性格孩子的节奏了。

（二）对绿色性格的孩子不可以同时下达好几个指令

无论什么性格，对于小孩子来说，本身就不应该一次下达太多指令，孩子会无所适从，一旦他们感觉到完成这些任务太难了，第一选择就是放弃或者逃避，这是小孩子面对困难的第一态度。那对于绿色性格的孩子，就更不能一次性下若干指令了。因为绿色性格孩子的行为本来就比较慢，他们做事情要一件一件来，一次下达太多指令，会让孩子感到任务不可能完成，或者让他们感到完成任务的路漫漫，而且年龄越小，越不懂得为什么非要去完成所谓的任务，孩子就更不会有热情去完成，更没有激情。再者说来，点点爸爸在下指令时的态度是急速的、不耐烦的，这就更让孩子有了抗拒心理，已经感觉到完成任务绝不是什么好玩的事情，可能在爸爸的指令还没下达完毕之前，他就已经决定不会合作了。还有，点点正在快乐之中，欣赏着自己的大手笔，爸爸不仅没有跟自己一起快乐，反而是决然地斩断这份快乐，心里一定不悦。我们看到，点点爸爸在出门之前下达的指令是：① 马上把玩具收起来；② 去画画；③ 要写毛笔字。一下子给出了三个指令，别说小孩子了，大人听了也会不舒服。所以，针对绿色性格的小孩，最好是一次只下一个指令。

（三）第一次教绿色孩子做事时，一定要手把手地教

很多绿色性格的孩子不太愿意"动"，他们动手的能力要比其他孩子稍微慢一些。所以父母在第一次教他们做事时，一定要尽量手把手地教他们。而且通常绿色性格的孩子是天生的好脾气，他们做什么事情给你的感觉都是漫不经心的，为了克服他们的漫不经心，你就要抓他们的手过来，告诉他们手绢怎么洗、毛笔怎么握，一定要握着他们的手，让他们找到那份"动"的感觉。

但是爸爸一口气说：收拾玩具、画画去、写毛笔字！如果以前都没有教过做这些事，那这三件事就会让他觉得压力太大，根本就不知道该怎么完成。所以，生气的点点会想处理自己不高兴的情绪：把爸爸的文房四宝全都搞到地面上，以示抗议。绿色性格的孩子没有意识主动去通过自己的尝试来完成一件事，必须在父母教的过程中亲身体验到了，才算是学会了。红色性格的孩子恰恰相反，他们特别有自己独立完成的欲望，这其中的冒险、刺激，对于红色性格的小孩来说是非常有吸引力的，红色性格的孩子甚至会讨厌大人们手把手地教，他们一定要自己来操作。但是，手把手地教对于绿色性格的孩子来说尤为重要。

（四）要经常鼓励他们表达自己的想法

面对绿色性格的孩子，父母最大的苦恼是他们不爱说话。不爱说话，我们怎么能了解他们呢？不能相互了解，矛盾自然而然就产生了。更可怕的是父母们都以为自己是世界上最了解孩子的人，却

不晓得那只是貌似了解。不了解孩子就是瞎子过河。如何与绿色性格的孩子沟通，几乎是所有教育者的一件难事。他们不喜形于色，你很难知道他们怎么想的。不了解他们就不知道该关照哪些地方，哪些地方又是特别需要你帮助的。所以，我们前面提到的建立"温馨时光"，对于绿色性格的孩子尤为重要。

再来看点点这个案例。爸爸在下指令前可以先鼓励孩子表达他的内心想法："点点，满地的玩具，你是在干什么呀？"点点就会去表达，也许孩子还不能完整地表达他的杰作，爸爸可以用若干问号，启发他来完成描述。如果爸爸的问话不到位，就会迫使点点对抗，其实绿色性格的点点心里已经有决定了：我就是不去收拾玩具、不去画画、也不去写大字，但他不说出来。如果爸爸能及时鼓励孩子表达自己的想法，了解孩子的想法，事情也许就不会那么糟糕了。

（五）不要对绿色性格的孩子说"磨蹭"二字

在我的培训课上，很多绿色性格的人说，他们一生中听到最多的两个字就是"磨蹭"，经常被别人埋怨太慢了、太磨蹭了、能不能快点啊、已经落后了、我已经等你很久了、告诉你多少次了要提前准备……所以，如果你有一个绿色性格的孩子，就请在你的字典里把"磨蹭"两个字给删除掉，彻底地删除。磨蹭是一个负面的词，包含着负面评价：你是错的、你是不好的、你是糟糕的、你是不如人的、你造成了我的失望和不满……你完全可以说：宝贝，再快一些可以吗？我知道你还可以再快一些；妈妈在等你；你已经比以前快很多了，真好！如果你老用"磨蹭"这个负面的词就会适得其反。比如，早晨起床必须要抓紧时间穿衣、洗漱、吃饭、出发，绿色性格的小孩却不紧不慢，很令人着急，让父母恼火。这个时候大人说得最多的可能就是："不要磨蹭了，快点！听到没有！"你说多了，你猜孩子会怎么样？他们生气了会说："你要是再说，我就不干了！"他们放弃了，这才是让大人更加无奈的。

  写作业的时候也是这样，你如果老说他们磨蹭，把他们逼急了，他们会说："你再说我就不写了！"或者他们连这句话也不说，但就是不写了！那时候关系就更僵了，大人们就变得更加被动起来了。要知道绿色性格的人也是很倔强的，他们的倔强表现在哪呢？不是正面顶撞，而是无声地反抗。所以面对绿色性格的孩子，不要说他们最不喜欢听到的"磨蹭"二字，这不能解决任何问题，反而会使问题更加复杂。

第五章
性格与职业

我们每天打交道最多的场所可能就是家和职场了，家里暂且不提，有一个适合自己的工作是多少人梦寐以求的事情。既然先天的那部分性格给了我们一个相对稳定的特点和优势潜能，在处理问题时如果正好能派上用场，良好的工作结果就会轻松而至。一个简单的例子：安排黄色性格的人去做人事接待，那他就不亦乐乎；让绿色性格的人去做接待那他就会紧张兮兮，这都直接影响着接待的品质与后果。把合适的人放在合适的岗位，效率与品质不言而喻，不仅如此，岗位适合自己的性格，能带给职场人更多的愉悦感与成就感，对本职工作的热爱与付出也比较容易顺理成章。从小处说，本人的幸福指数会趋高，尽管每天很劳累，但是带回家的心情依然阳光灿烂；从大处说，更多的人能在合适的场所充满喜悦地发光发热，对国家的发展自然也是益处多多。

当然，找到适合自己的工作也是要多种因素综合考量的，本章仅从本然性格角度出发，谈一谈我们的性格特点与选择职业的契合问题,仅供参考。

一、红色性格的人的最佳职业选择

孙悟空是红色性格的人,我们可以从中看到这样一些关键词:主动性、快节奏、引领性、迅速、坚定、大胆、执行力、号召力、影响力、结果导向、大气豪迈、心胸开阔、有主见、不屈不挠、越挫越勇、急脾气、解决问题、坚持到底、不服输、不气馁、豁得出去、天不怕地不怕、敢作敢为、硬骨头、倔强、必须服从、快刀斩乱麻、直言不讳……

如果可以选择职业,看到这些关键词,我们首先就知道哪些工作不会是他的首选:那些需要深入思考的工作,如电脑的程序编辑;那些需要小心翼翼的工作,如文字编辑与审稿;那些需要大量耐心的工作,如客户服务、投诉接待。这些都不是他的强项,干这样的工作他会感到憋屈、被束缚,能力无法施展。就好像经常听红色性格的人说:我想要的日子每天是热腾腾的,可现在满腔的热血没地方抛!如果从事了这样的工作,想长久地保持愉悦很难,如果还想达到一流的水平,那需要拿出多少精力去克制性格中的不适与反抗,又如何能不身心疲惫?同等条件下,干这样的工作又如何能超越那些性格天生细腻、沉稳、冷静的蓝绿性格呢?更不要说愉悦、自在、长久了。那真的是很难。不顺应性格、跟本性难移的性格拧着来,把自身的优势能量搁置在仓库或压抑藏匿,这职业生涯之路走起来就只剩下疲惫不堪了。红色性格在被无聊的工作折磨后会感叹怀才不遇,日子久了,看似顺从,看似磨平了一些性子,但无名火的频繁发作却成为一种无意识的释放，伤人、伤己，却不知为何。

红色性格的人可以试试下面几个领域，或许会有所启发……

（一）军人、警察类工作

军营里的生活都是快节奏的，集合、整理行装、出操都要用最快的速度，这样的快节奏最适合红色性格的人。如果绿色性格的人到了军队，需要花很大功夫才能在痛苦中适应，但红色性格的人适应起来是很快的。军令如山，不需要讲什么道理，简单、直接，也非常符合红色性格直率的脾气。红色性格的人做事的风格本来就是要简单明了，一针见血。军人坚强、流血不流泪的品质，部队生活的冒险、刺激，也正符合红色性格的人的要求，所以部队成就了大量红色性格的人，同时也有很多其他性格色彩的人在部队的大熔炉里练就了很多红色性格的品格。警察、武警等类似职业都是不错的选择。

（二）新闻记者类工作

作为新闻记者要胆大。优秀的新闻记者什么人都敢见，不管是多大的官，不管是多么难缠、多么可怕的人，只要有新闻都会勇于向前。记者提问时除了机智以外，还要大胆，有力度，底气不足是不行的。新闻记者需要有冒险精神，也是充满刺激的，比如战地记者，揭露黑势力，深入虎穴，卧底探秘。这种精神对于一个优秀的记者来说是不可缺少的。新闻记者的笔锋也应该是犀利的，有话直说，言语果断并非常具有冲击力。这些都很符合红色性格人的特点。所以，红色性格的人做起记者来一定会信心十足。不同领域的新闻记者、新闻评论员、经济观察员、政策研究员等职业都可作参考。

（三）检察官、律师类工作

律师是不能过分感情用事的，主要是跟道理说话、跟事实说话、跟证据说话、跟法规说话，不需要情意绵长，不会因情而轻易心软。红色性格的人本身就具备这样的特质。无论案件多复杂，他们是那些能快速抓住问题核心的人，不纠结、不纠缠，原则性极强，也促进了结案速度。不管面对什么样的当事人，无论是原告还是被告，不管对方胜算的把握如何，都要据理力争，而据理力争是红色性格的人特别爱干的事，生活中红色性格的人就有这样的特点：讨论、争吵、抬杠，与实力相当的对手辩论，争得面红耳赤，那叫一个过瘾，遇上旗鼓相当的对手，会让红色性格的人很兴奋而不会被对方牵着走，更不会被对方的强大吓倒。红色性格的人是有拯救心理的，生活中红色性格的人见到身边的人处于水深火热之中都会鼎力相助，律师工作能满足他们的这个特点，律师工作中获得的成就感是他们很看重的，他们一生都在为成就而活。当然，也有一点是需要红色性格的人注意的，拯救心理已经加入了情感成分，是需要觉察并对尺度有所把控的。

（四）营销类工作

很多客户在决定是否购买产品时都会犹豫不决，营销员在导购时免不了做说服工作或者解释的工作，但很多人都会不自然、不自信，或者说服力不够，客户听了听就算了，没有下单的冲动。红色性格的人说服起来既有力量，又很自然，因为他们就有这种气质，天生就有那种带动性。很多消费者愿意找干脆利落的业务员来给自己介绍产品，红色性格的营销员会更加合适。在推销产品时，很多时候需要去拜访陌生客户，在营销界，陌生拜访的水平在很大程度上决定了营销的水平，尤其是对于新手来说，做陌生拜访是不可缺少的初期训练。这很需要"脸皮厚"，不怕打击，不怕看人家冷脸，这一点红色性格的人更容易做到。营销员需要勇敢的精神，十个客户可能有九个都是排斥推销的，说营销员是在拒绝中成长起来的一点也不为过，他们甚至在自己的墙上写着：谁升起来，谁就是太阳。在他们心中，推销是最具挑战性的工作，也可以成为最辉煌的工作，红色性格的人就喜欢挑战性的工作。

（五）管理类工作

前文说过，红色性格的孩子在很小的时候经常被称为孩子王，他们天生就具备领导者的素质，如果再进行些专业管理的学习，很容易成为优秀的管理者。作为管理者，需要承受巨大的压力，红色性格的人就具备引领者的素质，越挫越勇也是他们承受压力的表现之一。红色性格的人最不甘寂寞，抗挫折能力也很强。红色性格的人有种天不怕地不怕的精神，遇到困难，他们一定不是第一个放弃的人，也不会被困难吓倒，他们有能力发挥团体的力量，有种战无不胜的精神。红色性格的人天生具有大局观念，不纠缠细节，这是领导者的素养。红色性格的人是指引方向的人，他们总是知道自己该往哪里走，下属跟着他们什么都不用怕。俗话说，天塌下来有个高的顶着呢，那个高个子的人就是红色性格的人。他们总是有可去的方向，又总是有办法，是个不会被难倒的人，所以也最容易建立威望。红色性格的人特别具有感召力，说话总能说到点子上，再加上永远具有饱满的热情，因此身边总是不乏追随者。同等条件下，如果都去学管理，红色性格的人最有可能轻松成为领导人。

二、黄色性格的人的最佳职业选择

黄色性格和红色性格都属外向性格，但又有不同。猪八戒是黄色性格的人，我们可以从中看到一些关键词：主动性、快节奏、活泼、坦率、童真、自在、轻松、不拘束、灵动性、机智灵活、乐群、开门见山、主动交往、滔滔不绝、享受表达、乐于表现、开心果、积极乐观、温柔敦厚、乐观主义、浪漫主义……

看到这些关键词，需要做两个解释，一是灵动性与机智灵活指的是不钻牛角尖，思维开阔、跳跃。猪八戒是可以放开了做自己的人，遇到困难时看似说过很多消极、抱怨、想放弃努力的话，但我认为，那只是很正常的情绪表达，只有他可以坦荡而轻松地把想法说出来，这正是他思维开放、真实的表现，然后该干什么还干什么去。剧中猪八戒的表现是非常感性的，生活中黄色性格的人会有更多理性的加入。二是温柔敦厚，也许你会觉得这个词更适合沙和尚，其实这个词既适合猪八戒，也适合沙和尚，只是一位是用外向性格来表现，一位是用内向性格来表现，猪八戒有憨厚和"拙"那一面，傻傻笨笨里又透出可爱与温良。

看到这些关键词，首先会确定哪些职业不适合作为他们的首选：那些需要安静而深入思考的工作，比如电脑编程，长久的安坐，他们就不会喜欢。那些需要精打细算的工作，比如会计或银行里某些与数字密切相关的岗位。万一做了这样的工作，很容易陷进一个洞穴：我要拯救自己、我需要被拯救、谁来救救我……因为已经很努力了，还是没有别人干得好。有些事情、有些感觉，真是踮着脚尖也够不着，或者够起来很难。那就闭上眼睛静静地自己待一会儿，看看那些够不着的心理体验，是不是先天性格使然？有的工作特别容易让自己获得成就感、价值感，方法技巧可以去学习，团队氛围可以去适应，但工作内容和工作形式跟自己性格相契合才能舒服，无须分散一部分精力去对付那些无谓的绊脚石。

下面这些职业领域可供黄色性格的人做参考。

（一）文学创作类工作

黄色性格的人是比较喜欢文学的，他们属于天生喜欢表达的人，写影视剧本、写小说、写散文、写诗歌等，都可能是他们感兴趣的，或者说在这个方面他们的兴趣很容易就能建立起来。写文学作品需要发现故事、演绎故事，而黄色性格的人编故事的水平是很高的，给他们一个细节，他们就能编出一个丰富多彩的故事，在幼儿园期间，他们就是班上的故事大王。黄色性格的人有着很浓的浪漫情怀，能围绕着"情"字发挥出很多内容，而文学作品都是离不开"情"的，如果说人是感情的动物，那黄色性格的人就是非常喜欢弄"情"的人。当然，写出受欢迎的作品还需要其他能力的支持，比如体验生活的能力、观察生活的能力、写作技巧……

黄色性格的人语言最丰富，假如每个人都有自己的语言仓库，那么黄色性格的人仓库里的内容最丰富，有用的、没用的、经典的、幽默的、浪漫的、讽刺的、犀利的、调皮的，应有尽有。正因为他们的语言仓库里有"货"，写起来才更得心应手，写得也更精彩。由于是他们的兴趣所在，会更容易找到写作的感觉，在工作中形成良性循环，也就更容易获得成就。如果把文学二字改为美术、音乐也是适合的，而且既适合黄色性格的人，也适合蓝色性格的人。他们都适合，只不过一个是以外向性格的形式表现的，另一个是以内向性格的形式表现的。

（二）讲台类工作

教师是站讲台的人，讲台是面对一个群体展现自己的最佳场地之一，而展现自己可是黄色性格很乐意追求的。面对台下一双双的眼睛，台上人的责任心会油然而生，要对台下的人负责，要对得起台下的人，要在责任心的体现中获取认可，所以做教师、培训师、演讲家、导游、讲解员、宣传员一类的工作都会是不错的选择。

四种性格的人中，黄色性格的人最喜欢表达，也最善于口头表达，而做教师，可以让他们好好过把瘾，他们可以通过对知识的讲解，把语言发挥到极致，声情并茂地把知识演绎得活灵活现，使所有人听呆了。他们有信心，也有能力做到这一点。可是我们也知道，有些人听说要上台就吓得腿发抖，背得滚瓜烂熟的稿子，在上了台那一瞬间脑子立刻变得一片空白。这些人是不能够理解黄色性格的人的，只有羡慕的份。所以找工作可别找让自己腿发抖的。

黄色性格的人喜欢掌声，也是最能制造掌声的人。他们的热情开朗与乐观主义让他们非常具有感染力，所以，无论是站在企业的培训课堂上，还是青少年宫的舞蹈训练厅，或者成人合唱团的指挥台，再或者学校里的三尺讲台，他们都会游刃有余，也最容易获得掌声。

（三）演艺类工作

黄色性格的人最具有表演天分，也最容易有文艺范儿。黄色性格的孩子从小模仿能力就强，家里来了客人，大人对孩子说："来，给客人表演一个节目吧！"黄色性格的孩子就会不亦乐乎，这种情况至少能从幼儿园延续到小学二年级。学校如果有什么文艺活动，他们肯定是积极分子，因为他们天生就喜欢表演，也喜欢表演队里的那种热闹。表演不就是去模仿各种各样的人吗？他们会很快学会表演，而且很享受表演的过程。

黄色性格的人从小就喜欢热闹，哪儿热闹往哪儿钻，演艺圈可是个热闹的圈子，在热闹的圈子里工作，他们不仅容易适应，而且会成为制造热闹的高手。黄色性格的人喜欢群体生活，喜欢人多，害怕寂寞，害怕孤单，害怕枯燥，他们是一定要活在人堆里的，不喜欢一成不变、单调古板、死气沉沉的生活。稍微冷清一点儿就会嚷嚷："寂寞死了，无聊死了，人都跑哪儿去了？"所以，演艺圈里的工作对他们来说再合适不过了。

（四）公关类工作

对于黄色性格的人来说，公关部、办公室、工会、文体部、客户服务都是不错的选择。

公关部有时要与陌生人打交道，四种性格的人中，最善于跟陌生人打交道的就是黄色性格的人，他们能快速地跟陌生人打成一片，并能很自然地营造轻松舒缓的氛围，不会出现冷场尴尬的局面，更可贵的是，他们很容易乐在其中。那些太腼腆、太害羞的人做这个就有难度，训练起来又要吃很多苦。

办公室工作也不错，上传下达，腿要勤，嘴要甜，机智灵活地解决各种琐事，这些事是黄色性格的人擅长的。工会、文体部都跟组织娱乐活动分不开，只要跟娱乐沾边，黄色性格的人就很兴奋，他们会高兴地奋勇向前，他们自己也是参加娱乐活动的积极分子，也很容易号召大家来积极参与，如果再有一个红色性格的人帮他们组织着，那就更好了。

客户服务部对工作人员有一个很重要的要求就是眼明手快嘴巴甜。黄色性格的人是离这个标准最近的，你会发现，那些最讨人喜欢的、嘴巴最巧的人黄色性格居多。黄色性格的人做客服工作具有很大的天然优势。

（五）营销类工作

黄色性格的人没有陌生人的感觉，能够很自然地跟陌生人打交道，他们不觉得难过，不觉得别扭。人与人之间的交往就是这样，如果你不觉得别扭，对方也会舒服很多。如果你很内向，很腼腆，不好意思，对方也会不自在。所以黄色性格的人做营销类工作也有着天然的优势。营销类工作很多时候需要快速跟陌生人熟悉起来。

我就见过这样的两个人，进电梯的时候谁也不认识谁，出电梯的时候已经好得不得了，互相在电梯门口挡着门说："我们家就住在几号，回头上我们家玩儿去！"原来他们都是黄色性格的人。

如果能够很容易地找到成就感，我们就会更加努力地工作，从而形成一个良性的循环。你会发现，有的人下班了还待在单位不想回家，其实这些人的工作可能正好符合他们的性格特点，工作起来特别舒服。人是这样的，哪儿舒服就愿意在哪儿呆着，因为那里有很多享受的成分。

三、蓝色性格的人的最佳职业选择

唐僧是蓝色性格的人，我们从中可以看到一些关键词：内敛、慢节奏、专注、认真、谨慎、安静、思考、深刻、规矩、敏感、执着、不鲁莽、不夸张、小心翼翼、稳重、情绪丰富、高情商、不急于表现、细心琢磨、考虑再三、思维敏捷、察言观色、注重细节、做事稳妥、注意力集中、同情心、安全感、不冒风险……

对关键词的几个解释。关于认真：红黄蓝绿都可以很认真，只是蓝色性格的认真是天生关注细节、追求完美，所以他们的认真更是一种常态，用的地方更广泛。关于思考：红黄蓝绿都很会思考，但一对比就会发现孙悟空和猪八戒在表达上能最快做出反应，这自然就会影响他们的深入思考；而唐僧和沙和尚更善于思考在前，想明白了再表达，我们常说某人说话不过脑子，往往这样的人如果做深入思考要刻意为之。关于集中注意力：蓝色性格的人不会三心二意，不会轻易改变主意，不会轻易放弃，也就是执着力很强。

看到以上这些关键词就会知道，如果有可能自由选择的话，他们首选的职业领域不会是那些需要剧烈的身体冲撞、违背他们天生喜稳的工作，比如武术类、竞技类（像篮球、足球）这些。除非通过后天的各种机缘有意识地训练，或慢慢地长久适应。过分默默无闻的工作他们也未必喜欢，那是绿色性格的人比较中意的，蓝色性格的人内心深处并不是和平主义者，或者说并不是温和的好脾气，比如调解员、协调员一类，他们的耐心比不过绿色性格的人。那些冒险的职业，比如飞行员或司机之类，既要独自操控又要很冒险，虽然可以适应，但相比之下，还是红、黄性格的人来的更容易些，蓝色性格的人不会首选这类职业。

对于每种职业，红黄蓝绿性格的人都可以成为优秀的工作者，只是职业性质跟自己性格相契合的方面越多，获得职业幸福感就越容易。每种性格都有自己本然的优势，比较匹配蓝色性格人的职业有哪些呢？下面举例说明，仅供参考。

（一）副职类的工作

蓝色性格的人做参谋长、军师、副总，都是不错的职业选择。为什么不首选正职呢？因为正职需要太多大刀阔斧的决断，更适合红色性格的人。红色性格的人擅长的是战略问题，而蓝色性格的人擅长的是战术问题。很多蓝色性格的人做技术顾问，他们跟技术打交道更胜一筹；做副总，主抓业务更容易得心应手。而抓全面工作的老总还是红色性格的人干得更轻松一些。红色性格的人做一把手，蓝色性格的人做二把手，这是很好的搭配。红色性格的人善于掌控全局，不顾细节，而蓝色性格的人恰恰非常关注细节及具体步骤的推进。当然，生活中也有很多这样的情况，往往蓝色性格的人业务能力很强，就会被提拔到更高的管理岗位，于是他们在这样的岗位经过历练成为了蓝＋红的复合型性格，那他们的职业能力就非常厉害了！

（二）音乐类工作

与音乐有关的工作单位有很多，如艺术院校、乐团、电视台、广播电台、文艺团体、青年宫、少年宫、学校等。我发现很多蓝色性格的人有音乐天分，他们会很容易把自己沉浸到音乐中去，与音乐融合在一起，也很容易感受音乐。对于"这段音乐让你想到了什么？"这个问题，一定是蓝色性格的人说得最多。他们能想到许多事情，脑子里能出现很多画面。在上培训课时，我跟很多人交流过这个问题，有的人不喜欢听音乐，觉得很吵，感受不到太多的美；

有的人只是对某些特定的音乐类别喜欢，比如只喜欢轻音乐；有的人没有总结出自己都喜欢什么类型的音乐，感觉无所谓；有的人就特别喜欢音乐，比如蓝色性格的人，而且他们喜欢的音乐种类也是最多的，摇滚、爵士、流行、古典等。所以那些蓝色性格的小孩去学音乐也是不错的，他们很可能会学出成就，电影《我们在一起》里面的小提琴手小春就是典型例子。此外，黄色性格的人对音乐也很敏感，也很容易喜欢音乐。

（三）心理学、哲学类工作

　　心理学、哲学都是很深奥的知识，不是所有人都能轻松拿下的，四种性格的人中，深奥的东西最难不倒蓝色性格的人，反而太浅、太直白的东西打动不了他们，因为深奥的东西可以用上他们的钻研精神。头绪再多，他们也能理顺了，在这个理顺的过程中，他们有喜悦感，有成就感。这一点是黄色性格的人怎么都不能理解的，黄色性格的人喜欢一目了然，喜欢能快速读懂的作品，不要考验他们的耐心。而蓝色性格本身就是慢性子，他们可以钻得很深，想得很远，他们的思维就像一棵树一样，有了一个主干式的问题后，可以发挥出许许多多的枝条和树叶。所以，心理学相关、哲学相关等的职业都适合蓝色性格的人。

（四）文学创作类工作

　　前面我们说过，黄色性格的人很适合做作家，其实蓝色性格的人也适合。和黄色性格的人不同的是，蓝色性格的人很善于描写人物心理，他们最容易理解人，同理心很强，也最会洞察人的心理，这在文学创作中是不可缺少的。蓝色性格的人也是性情中人，属于感情丰富的人，写与"情"有关的情景是他们很擅长的。黄色性格的人可能写喜剧更出彩，而蓝色性格的人可能写悲剧更精彩，因为他们对于悲剧的理解和把握更胜一筹，往往更善于用细腻深刻的笔锋去表达。同时，蓝色性格的人是很细心的，他们很善于发现生活中细微的情节及人们的一些微妙心理。所以，一些与文学有关的工作可以做参考。

（五）秘书类工作

蓝色性格的人做秘书也很不错。秘书一定要心细，蓝色性格的人天生就是细致敏感的，他们很容易领会领导者的意图，如果不是职位区别的话，他们应该像朋友一样互相了解，配合默契。秘书最需要察言观色，想要想在领导者的前头，走要走在领导者的后头，要能够很好地满足领导的要求。同时，秘书也需要很棒的记忆力。蓝色性格的人记忆力很好，通常很久远以前的事都记得，甚至连细节部分都记得很牢，领导交代过的事情是不会忘记的，像猪八戒那样丢三落四的人是肯定不适合做秘书的，如果要找一个徒弟做秘书，唐僧宁可选择沙和尚也不会选择猪八戒。当然，也不是说其他人的记性就不好，只是蓝色性格的人天生就对细节敏感，当别人对事物只记得一个大概的时候，他们却把细节都记住了。蓝色性格的人也是很能沉得住气的人，不该说的话一定不会乱说，他们做事时严谨的态度也是很受领导喜爱的。

四、绿色性格的人的最佳职业选择

沙和尚属于绿色性格的人,从他的性格中可以看到一些关键词:不争、不急、安稳、耐心、温和、随和、平和、微笑、腼腆、害羞、平静、慢节奏、被动型、观察者、聆听者、慢热型、暖心的、好脾气、热心肠、不好表达、不好表现、静静等待、不露声色、情绪平稳、不起争端、无攻击性、慢条斯理、踏踏实实、安分守己、容易知足、可以长时间聆听、可以长时间等待、独立思考、细细品味、按部就班、能容忍别人的坏脾气、友好相处、非常聪明而又不张扬……

对关键词的几个解释。关于害羞:害羞不等于害怕。他只是不知道要怎么表达,而且也不喜于表达,心里清楚就行了。比如演员梁朝伟,五十多岁了,在聚光灯下干了一辈子,但是做访谈节目时,你依然可以看到他在回答问题时常常出现的羞涩,但那不是害怕。关于情绪平稳:从表面看,内向的蓝色性格和绿色性格都可以情绪平稳,但平稳度更大的是绿色性格。

如果仅从本然性格考虑,最起码知道哪些职业不会是首选。生活中的绿色性格常说的话是:好吧、还可以、都行、随便……这样温和的脾气不会选择需要快速决断、雷厉风行、言语犀利的职业,比如记者、评论家、危机公关处理、紧急救援之类。与抛头露面比较,绿色性格更愿意做幕后工作,踏踏实实的,不太多被打扰,不太多被关注。那些聚光灯下的、众人瞩目的工作会挑战他的腼腆与紧张,比如推销类、主持类的工作。

下面我们来看一下绿色性格的人可参考的职业范围。

（一）保密类工作

绿色性格的人去做保密工作会比较适合，他嘴巴最严，现实生活中，如果你想从他那套出点什么话，是绝对办不到的，即使是自己的事情，只要他不想让你知道，那你怎么问都问不出来，他的脸上可以做到无表情。他一直都很平静或者温和，很难从外在探求到他的内心。生活中，总有些人喜欢说别人闲话，弄出一些传闻来，可以肯定的是，这些事情往往与绿色性格的人无关。

（二）摄影摄像类工作

绿色性格的人不愿意与人沟通，所以用摄影来表达他们的思想是比较不错的选择。摄影和摄像不用嘴巴说，照片和镜头里就蕴藏着一切，这种含蓄的表达方式比较适合他们的性格特点。摄影工作可以独自完成,不需要跟太多的人合作,不需要太张扬。在外人看来,绿色性格的人就是一个孤独的人,从不凑热闹,不喜欢被打扰,甚至一直在躲避被打扰,而摄影工作很多时候是要耐得住寂寞的,有时候为了拍到理想的镜头,需要翻山越岭独自一人走很多路,甚至度过很多孤独的时光以等待时机,而能够较轻松地做到这样的当属绿色性格的人了。与此相关的美术、美工类工作也很适合绿色性格的人。

(三)医务、心理学类工作

绿色性格的人是很冷静的,所以无论病人的伤口多么可怕,无论环境多么嘈杂,也无论家属如何焦急,他们总能很平静地处理伤口、救治病人,所以,医务工作比较适合绿色性格的人。要是碰上黄色性格的医生就很难说了,可能病人一哭,医生的情感就会有起伏,容易受到干扰。

通常绿色性格的人很安静,也稍显被动,他们需要有压力出现时才会动起来,需要有人推动他们。当有病人需要做手术时,医务人员必须立马开始工作,这就是最好的推动。而在没有病人的情况下,他们可以不急不躁地、静静地待上一天。他们骨子里是宁可保留自己的感受,也要尽量避免冲突和争吵,他们对委屈的承受力最强,如果他们做医生,医患关系通常都是不错的。

(四)高级编辑、翻译类工作

如果日子真的像复印机复印的一样,那最能忍受的就是绿色性格的人了。他们更能接受重复、枯燥和单调,所以适合做高级编辑、书面翻译之类的工作，他们是最能沉下心来的人。绿色性格的人是拒绝改变的，尤其是频率较高的改变。如果工作的内容和形式千变万化、头绪太多，跳跃性太强，他们不会喜欢，工作内容单纯一些是他们的最爱。从这个角度来说，他们也很适合教师这个职业。他们是脾气特别好的人，喜欢简单，如果工作的头绪太多，完成一件事情既要跟这个部门打交道，又要跟那个部门打交道，还要跟某些特定的人打交道，综合起来才能完成，对绿色性格的人来说不会是首选。

也许你要问了，如果现在从事的工作与自己的性格已经不相符合了，是否意味着必须更换工作才会有前途呢？下面我们做个进一步的说明。

有个绿色性格的女孩子，柔柔的、慢慢的，不爱说话，当初考大学的时候，她很羡慕记者，就报了武汉大学新闻专业，毕业后因各种机缘来到了中央电视台，真的做了记者。表面上看这个工作很不错，工作单位也很令人羡慕，很多人都说她好福气。可事情就是这样的，往往羡慕是一回事，自己能不能干、适不适合干又是另外一回事。参加工作两年的时间里，她觉得自己极其痛苦，因为经常出差，而她认为出差是一件很苦的事情，每天要与很多陌生人打交道，面对很多新的事务，跑来跑去，生活也不安定。

就这样，每天的采访工作让她痛苦不堪。她无数次地下定决心要离开这个岗位。中央电视台的记者，多好的一个职位啊，可是不适合她。高学历、高收入并没有给她带来很高的幸福感。后来，她坚决地辞职了，去读了研究生，学了文艺理论类的专业，后来研究生毕业了，又到处找工作，这时麻烦又来了，别人一看她做过中央电视台的记者，认为没办法提供给她满意的职位和薪水，建议她另谋他职。找来找去还是那些媒体机构适合她的外在条件，但不适合她的性格。

她想去当老师、当作家，结果都不能如愿。当老师，没学过师范，没有竞争力。当作家，凭什么去创作呢？人生经历和阅历积淀不够、写作能力有限等问题都摆在她的面前。所以很不幸，她一直没有找到合适的工作。一个学历和职业经历都不错的人，为什么找不到合适的工作呢？很简单，因为她之前的铺垫没做好，没有按照她的性格做好职业生涯规划，从考大学报志愿时就偏离了轨道，以后的工作也就偏了，现在还有无数个高三学生的家庭在重复这样的路，没有认识到志愿对于孩子未来的深刻影响，不知道如何填报。只有报的志愿与孩子未来的工作相符合，与他们的性格相符合，与他们的理想也相符合，那才是比较完美的，他们会幸福一辈子。

这就是学性格理论很重要的一个原因。比如猪八戒这样的人，能让他去做保密工作吗？当秘书或者去当个保管员行吗？这些活他都干不了，不符合他的性格，干起来一定会很痛苦。假如猪八戒不小心找了一个这样的工作，还要在那待一辈子，他会很难过，工作不幸福一定会把坏情绪带到家庭里去，夫妻关系会受到影响，进而亲子关系也会受到影响，导致整个家庭都是不快乐的。所以说，择业时一定要考虑性格的因素。

择业时，本然性格的参考很重要，但后天的性格习得及成长环境也是要综合考虑的。几点说明如下。

（1）即便是本然性格不合适，也可以在长期的工作中发现兴趣，逐渐喜欢上，这也是有可能的。这个世界上没有绝对的事情，比如我们说绿色性格的人不适合当演员,一个柔柔慢慢、害羞的人怎么能去当演员呢?可是我们看到很多以绿色性格为主的表演艺术家,最初未必是因为喜欢才走上演艺之路的,但在后来的实践中他们不断地发现和培养兴趣,把工作变成了爱好,最终依然可以成为优秀的演员,甚至成为影帝或影后。这就是后天环境的影响。因此不能说绿色性格就不能做个好演员,千万不能绝对化。

(2)没有办法孤立地看待性格,我们在生活中一定要结合环境的需要来采取行动。红黄蓝绿性格的人都可以当好演员,但都有自己的局限性,于是我们会发现,红黄蓝绿性格的人都可以扮演孙悟空,就看演技水平如何了。但也不得不说,呈现的人物形象还是会有些差别的,同等条件下,从演员内心来说,很可能还是红色性格的人扮演起来更舒服、自然、流畅。其他演员演起来会更累一些。

(3)还有一种情况,假如说,蓝色性格的人原本是有数学家天分的,可是在幼年学数学时不被数学老师看好,受了老师的几次当众批评,非常没面子,这个害羞胆小的孩子数学课再也不举手了,数学成绩也越来越差。妈妈发现孩子数学成绩不断下滑,就紧盯数学作业,由于心急,对孩子的辅导缺乏耐心,并不断地买参考书、报补习班,孩子面对扛不住的压力就只剩下排斥了,数学成绩越来越糟,老师、妈妈也越来越失望,这些原因就造成了这个孩子将来长大非常不乐意去从事跟数学、数字密切相关的工作。

(4)如果儿童时期我们就知道了他的本然性格,就会知道他未来的职业倾向。这种职业倾向肯定不是一种职业。父母就可以让孩子从小接触这些行业里的人和事,有机会可以去参观,有机会可以做这些人物游戏,跟这个行业里的人交朋友,看这个领域的电视节目,不断地熟悉这些领域。比如黄色性格的孩子，报兴趣班时该如何选择呢？会首选口才班，他们对沟通有天赋，有机会让他们去做小小主持人、小小演说家，也可以参加演讲的社团、表演的社团，鼓励他们多多地上讲台、上舞台，还可以结交这些领域里的成功人士。多关注那些儿童文学的作家，感受他们文字的美妙之处，学习如何赏文，从自己的作文做起，未来做文学家也有很棒的潜质。将来若要考大学，填志愿时就能很轻松地知道要选哪些专业了。如果大学就开始学自己喜欢而擅长的专业，毕业后又直接在喜欢的几个领域里择业，这是不是某种意义上的走上了成功的捷径呢？！

　　总之，虽然说在择业时性格不是唯一的考量因素，但本性难移的这部分性格有着巨大的能量，一直与我们形影不离，我们还是要将自己的这部分性格与我们内心的需求、教育背景、兴趣爱好、家教背景、学识背景等相结合，愉悦而又慎重地选择自己的职业，让自己职业的幸福指数不断增高。

第六章
性格与沟通

有句话说，沟通的品质决定人际关系的品质。我们一生当中，很多时候都处在沟通的状态中，哪怕不跟对方说话，那也是一种无言的沟通。针对形形色色的对方，如何把话说到点子上呢？本然性格里面包含了一些沟通的样式和特点，从中了解对方的沟通特点，遇到不合你口味的沟通者，知道他是本性难移，就不会在心中被不适感充斥着，会带一点温情和耐心，随他一起做心灵的舞动。比如大多红色性格的人语速是极快的，你是否需要适应？比如黄色性格的人一开讲就像开火车，一直行进中……你会拿出什么态度给他？比如蓝色性格的人沟通时会不断地深入下去，你要被他带走吗？比如你跟绿色性格的人讨论不起来，也争论不起来，最后还是不知道结论在哪里的时候，该怎么办呢？怎样让谈话成为愉快的交流，并在交流中自己也受益与成长？另外，还有一个重要的角度，那就是与自己的沟通。我们太需要了解自己性格中沟通的特点了，要认可自己沟通的样式，接纳自己沟通的水平。很多人在自我沟通中都存在自我攻击、讨厌自己、过度自责、不看好自己的时候，这就更需要了解自己，如果是本然性格使然，就会释怀，就可散去很多纠结与不安。无论自己的沟通样式、沟通水平是怎样的，我们都有理由接纳自己，知道这样的存在是有道理的，未必是你不努力造成的，既要懂得自己不好改变的本性难移，也不放弃让自己变得更美好的努力！

一、不同性格的沟通表现

（一）不同的语言表达

从语言上看，性格不同的人，说话的特点会有所不同。我们依然可以用《西游记》中的师徒四人来举例子。让我们猜猜看下面这样的表达会出自谁之口。

1. 我要先说

有一位是团队中说话最多的，他永远有话说，也永远在说话。看到什么、听到什么、想到什么都可以瞬间成为他的话题，跟他在一起永远不用猜心思，随时都知道他的真实与坦诚。团队里出什么状况了，他一定是首先发表看法的人，看法准不准确可以再探讨，但总要有人先带头发表见解才是。这一定是猪八戒，黄色性格的猪八戒。

2. 干脆点说

有一位说话简明扼要，绝不啰嗦，同时他也很怕别人啰嗦。也有的人不是啰嗦，而是要做很多解释，或者为了说明主题要做很多铺垫，于是人群中会有一个人忍无可忍地插嘴说："有话请直说，不用铺垫，你到底想说什么？"这个人说话直指结果、不愿重复，并带有力量感，他会是谁？这一定是个急性子，是红色性格的孙悟空。

3. 想想再说

有一位说话不那么习惯干脆利索，他觉得说出去的话就捡不回来了，应该慎重对待自己的言语。如果说出的话不准确就宁肯不说，否则就是对自己不负责，对别人也不负责。"别着急，这事儿得想想再说！"他不急于发表，"想"字当头，也从来不莽撞，那么，这个人是唐僧还是沙僧呢？这是蓝色性格的唐僧。

4. 不说行吗

有人爱说话，自然就有人不爱说话，别人都争论得热火朝天了，有一位依然沉得住气，多久不说话都没问题，而且期盼着不要有人来要求他说话。这个人心里的潜台词是："不说行吗？有什么好说的。"沙和尚就是这样的。在整个剧中，说话最少的就是沙和尚了，很多时候他都可以说话，而且说得挺好的，但他就是经常不说话，能不说就不说。

总之，针对同一件事，不同性格的人，语言表达的方式不同，对表达的看法也不同。如果一个人说"有话请直说，少给我拐弯抹角""你想要达到什么目的，赶快说出来"，这一定是红色性格的孙悟空；如果有人认为说出来才能一起探讨，最终也依然达到深思熟虑的效果，那就是黄色性格的猪八戒；如果有人说话并不主动，也很少抢着说，小心谨慎型的，那一定是蓝色性格的唐僧了；还有一位，更享受倾听与观察，他绝对不是置身事外，只是做到心中有数就行了，为什么一定要表达？这一定是绿色性格的沙和尚。不同性格的人，他们在说话的时候各有特点。没有对错之分，只有你表达的特点是否符合当下环境，也就是说，当时所处的语境会对你表达的合适度给出评价或回馈。

（二）不同的表达方式

让我们再来猜猜下面这组表达会出自谁之口。

1. 一吐为快

师徒四人中，有一个人说话是一吐为快，不管得不得罪人，也不管你能不能接受，只要我认为是正确的，那是一定要说的，不计后果，为真理而战。因为这个缘故，他无数次惹师父不高兴，但他依旧这么做，他坚信真理是掌握在少数人手里的，你们听我的，跟我走就好了，不会有错的。这当然是红色性格的孙悟空。

2. 张口就来

有一位说话就是享受，想到什么就说什么，说话跟着感觉走，天马行空，图的是自己的快乐与自在。他不想管住自己的嘴巴，想说话时张嘴就来，也真佩服他快速组织语言的能力。有坦诚坐镇，就可"肆意妄为"、胡说乱侃、任意发挥，不经意间就把简单与直率发挥到了极致。这是谁呢？自然是黄色性格的猪八戒。

3. 苦思冥想

有一位是这样的：不要乱说话，想好了再说。说出去的话是要负责的。即便是要说，也要想想怎么表达才是合适的，莽撞是不可取的。"想"占去了他很多时间，他的"想"更多的是周到与全面。他不会轻易发表看法，一旦发表了，就一定是经过深思熟虑的，天然思想家非他莫属，这就是蓝色性格的唐僧。

4. 只看不说

无论环境多么嘈杂,他总是能保持如水面一般的平静。他是不管不问吗?不是,其实他心里明白得很,但是没有表达的愿望,更不会抢答。这当然是沙和尚了,师徒之间大大小小的事,他全都看在眼里,心里很有数,但他就是不说,因为他坚持认为没有说的必要。事实也证明,虽然说话少,也没有耽误任何事,也从未有过一点点的掉队。

(三)不同的肢体动作

不同性格的人在说话时,肢体动作也会不同,通过他们的肢体动作,你可以看出他们性格上的一点点信息。

1. 红色性格

红色性格的人表达时的动作是坚定而有力量的，目光直视、绝不躲闪，动作快速、有力度，具有号召力和影响力。我们看到孙悟空的动作整体风格就是快速的、坚定的，面部表情是丰富的。生活中红色性格的人喜欢站着讲话，或挥舞着手臂、或两手叉腰、或两臂交叉抱在胸前……

2. 黄色性格

黄色性格的人表达时眉飞色舞，面部表情很丰富，语音高低的跨度也很大，一会儿天上、一会儿地下，声音洪亮、抑扬顿挫；肢体动作幅度很大，手舞足蹈。猪八戒总是眉飞色舞的，肢体动作丰富甚至夸张。生活中黄色性格的人喜欢给你做示范，给你比划着让你更明白他在说什么，甚至表演给你看。

3. 蓝色性格

蓝色性格的人表达时的动作很少，动作的幅度也比较小，他不需要利用肢体动作来辅助自己表达。唐僧的表情大部分的时候是冷静的、沉稳的，这也是内敛性格的表现。因为生活中的蓝色性格的人不是高嗓门，喜欢扳着指头一样一样说给你听，或者坐着交流，或者玩弄着手中的笔跟你交流，或者停下来想想再说，或者双手在胸前小幅度地比划着。

4. 绿色性格

绿色性格的人表达时的动作很少，他们说话的时候其实非常好辨认，因为他们几乎是没有动作的，脸上或者是温和的表情，或者没什么表情。比如沙和尚，说话的时候只是嘴在动，表情是淡淡的、温和的，动作很少，更谈不上张扬。生活中绿色性格的人通常语速是偏慢的，可以非常专注地听你讲话，并不急于作答，不会盯着你的脸说话。

不同性格的人的表现不一样，他们在做事情时也有特点，每个人都有着自己不同的风格，但又有规律可循，找到规律，沟通起来就会事半功倍。

（四）不同的做事风格

让我们继续猜猜看以下这些做事风格分别是谁的吧。

1. 三思而后行

第一种人不急于做决定，认真判断对他们来说是很重要的，而且会在判断上花费大量的时间和精力。他们一定是三思而后行的，绝不贸然行进，而且一定是考虑得十分有把握了才会去行动。上苍给了他们一副好头脑，让他们可以轻松地去做深入而细致的思考。这就是蓝色性格的人。

2. 有趣味就干

第二种人永远都在发现事物的趣味性，并善于用最轻松的方式去完成同等分量的工作。生活之事十有八九不如意，所以每个人都有孤独感和悲观感，恰恰上苍给了他们一颗未泯的童心，为他们的阳光心态做了积极的铺垫。他们是面朝光和热的人。这就是黄色性格的人。

3. 看看再说吧

第三种人最沉得住气，不要着急！着急有用吗？饭还是要一口一口吃，事儿还是要一件一件做，按部就班，一步一步地来就是他们最快的速度。如果要他们像红黄性格的人一样快起来，总是催他们快点、快点，或者不给够他们充分的时间，他们反而会乱了分寸、乱了节奏，于是囫囵吞枣、粗糙了事、漏洞百出……所以他们宁愿慢一点，看看再说吧。这就是绿色性格的人。

4. 少说话多干活

最后一种人是不喜欢说废话，有人称他们天生就是干活的命，他们是这么做的，也会要求别人这么做。这种人常说：少给我说漂亮话，多干活，出成绩！说得漂亮，不出成绩有什么用？他们对以下几种行为很敏感：矫情、光说不练、行动力迟缓，谁要是在工作中掺入了这些，会被他们立刻叫停。这就是红色性格的人。

二、沟通中的性格差异性

我们在了解了红、黄、蓝、绿四种性格人的语言和肢体语言等外在特点后，还要了解他们在内在沟通需求上有什么差异。我们要了解不同性格的人在追求什么，这样跟他们在一起时，就知道什么地方要迎合，不要跟他们拧着来，也不要跟他们唱反调。同时也要关照他们的忌讳，知道在什么地方要回避，这些都能给我们与他人的沟通带来直接的帮助。知道对方最看重的是什么，说话的时候才知道该如何关照到对方的需求，更容易把话说到点子上。

（一）性格不同，看重的东西不同

1. 红色性格

红色性格的人非常看重方向。他们的至理名言是：方向错了，一切都错了。他们对方向很敏感，也是最容易掌握方向的人。知道自己要什么，并径直奔过去。大刀阔斧、我行我素，为的是取得更显著的成就。

2. 黄色性格

黄色性格的人非常看重过程。他们的至理名言是：只要过程好，结果一定好。他们也是最能享受过程的人。他们经常说：人生如戏，戏如人生。人生就像一场戏，看戏、演戏，他们在乎的是走好这个过程。

3. 蓝色性格

蓝色性格的人非常看重细节。他们的至理名言是：细节决定成败。他们认为这个世界上有很多重大的失误都是由于针尖大的细节没有把控好，所以把每一个细节都做好了，结果一定是好的。

4. 绿色性格

绿色性格的人非常看重和平。他们的至理名言是：和谐便是美。绿色性格的人希望所有的人都不要争、不要抢，有话好好说，不争不吵也依然能够完成人生使命。他们强调人与人之间的和谐、人与社会的和谐、人与自然的和谐。

（二）性格没有对错，只有不同

先天的这部分性格没有好坏之分，只有特点不同。在沟通中，我们如果考虑到对方性格的不同，心态会平和很多，我们愿意跟那个内在的他做心灵的沟通，尤其在家里。没有对错，只有不同！这样的沟通更容易顺畅。

比如红色性格，像孙悟空这样的人，他的能力很强，不过他太好强了，那么霸道不讲理，谁受得了？但你要知道红色性格的人就是这样，他并不是针对某个人，并不是故意要对你说这么难听、这么强硬的话，这都是性格使然，他对谁都这样，这跟他的道德层面没有关系。

这样你就会明白，原来红色性格的人就是这样的一种风格，不要轻易用对错、好坏来评说。很多父母问我：我的孩子是不是有毛病，怎么这么难教育？一个红色性格的父亲在下课的时候来找我说："张老师啊，今天你可救了我的儿子了！"我问怎么回事，他说："我的儿子是绿色性格，每天活得无声无息，我怎么说他都不动，你看我一个红色性格的人，在部队里呆了二十多年，我做事情节奏快，说在口，拿在手，可是面对一个绿色性格的儿子，我怎么说、怎么打、怎么骂，他还是那样慢吞吞！我一直以为我的儿子有毛病，今天听了您的课我才明白，原来我儿子是绿色性格的人，是我看他的眼光出了问题啊。"

孩子的性格可能与你的性格不同，当我们用自己的眼光去要求他们时，就会看孩子"不顺眼"，总想把孩子调理得像自己一样才好，这其实是忽略了孩子自然的性格因素，如果不依照天性养育孩子，教育是不可能成功的，亲子关系也会出现极大的不和谐。

（三）性格不同，实现自我价值的态势不同

对于红黄蓝绿性格的人来说，每一个的一生都在追求自我价值的实现，但方法不同、样式不同。我们可以去了解这份不同，允许这份不同的存在，每个人能用自己的性格方式去行动，最终都是奔向自我价值的实现。在实现自我价值方面，各种性格的人都有哪些不同呢？了解这些，更有助于我们把握沟通的方向和方式。当然，如何实现自我价值是多视角的，下面举例说明。

1. 红色性格

红色性格的人实现自我价值的态势之一是征服。比如孙悟空，

他要征服所有他能够征服的，凡是他能够得着的事他都想征服，所以战胜各路妖怪那真是孙悟空最得意而兴奋的时候，给了他征服欲的最佳施展空间，每一次的胜利都可以满足他的价值感。这份征服甚至包括征服权威人士，比如他的师父唐僧，每次师父让他不要莽撞、休得胡来的时候，都会激发孙悟空的征服欲，不能说服师父，就会急得抓耳挠腮，最后还是违背了师命而奋勇除妖，结果证明他的征服是正确的。这份征服也包括征服他自己。生活中红色性格的人一旦知道自己错了（尽管让他认错很难），改起来会非常自觉、非常快。他想要保持自己的强大，必然会很自觉地修正自己，除非他不知道自己错在哪儿。他的这份征服非常有力量！

2. 黄色性格

黄色性格的人实现自我价值的态势之一是追求快乐。比如猪八戒，在《西游记》中他从头到尾都是一个很在乎快乐的人。一个很在乎快乐的人会有一些关键词句：想得开、放得下、浪漫、可以尽快逃脱郁闷、可以随时发现使他快乐的元素、化繁为简、化苦为甜……所以每一次孙悟空对他的捉弄，他并不真生气，只当是一种游戏。看作是游戏，就有快乐的因子在里面了。大敌当前的时候，他会收起快乐，打妖怪时也是使出浑身解数，但只要有缝隙，追求快乐之心就会活跃起来，每当这个时候，就有人不理解他，觉得他是个没心没肺的家伙。在我看来，他只是拿得起和放得下的速度非常快罢了。他不仅追求自己的快乐，也想要周围人跟他一起快乐，所以我们会看到在这个四人团队里，经常活跃气氛的是猪八戒，开心果也非他莫属。

3. 蓝色性格

蓝色性格的人实现自我价值的态势之一是执着。蓝色性格的人有股子韧性，怎么揉搓都不断，这是他抵抗挫折的特点，也是促使他实现自我价值的法宝之一。所以我们会看到，当三个徒弟都有理由不驮唐僧过河时，他非常为难，但思量过后又会说："三个徒儿都不驮我，那好吧，你们飞过去吧，师父我自己蹚水过去。"又比如在山林中救下一女子，大家还要继续赶路，谁驮着她走呢？无一人去驮。看徒弟们都不听话，唐僧也依然不会放弃，就说："那好吧，就让她骑着马吧，师父就跟你们一起徒步而行。"师父说话的声音永远是最轻的，但他的执着力从来都没有变弱过。他用执着力扛起一片天，哪怕多次面临被蒸被煮的境况，我们看到的唐僧不是惧怕死亡，而是焦虑无法完成使命。每次死里逃生后并没有后怕，也不会退缩，依然信心百倍，继续上路！当执着力和信仰、价值实现捆绑时，他的这份执着就非常有力量！

4. 绿色性格

绿色性格的人实现自我价值的态势之一是和平。比如沙和尚，他追求和平，不和任何人起冲突，出现任何冲突时，他首先会选择好说好商量。他也不愿意看到大师兄和二师兄之间起冲突，为什么要冲突，好好相处、好好说话不行吗？如果冲突发生了，来劝和的也总是沙和尚，他是灭火器，是调解员，甚至是和事佬。如果冲突牵涉他，比如孙悟空不在，师父又被抓走了，猪八戒又在发牢骚，这时他必须要有所作为了，他也不会尖牙利齿地驳斥，更不会用武力解决，只是好言相劝。只有妖怪打来，生死一线时才会大打出手。那些不和谐的场景，沙和尚甚至是远离和不参与的，比如有很多次大师兄和二师兄之间在争论，他都离得远远的，干着自己的事情。有人误解，说他事不关己高高挂起，其实他的眼睛和那颗温暖的心一刻都没有离开过二位师兄。他心态平和、不争不抢，在生活中也是个很容易知足的人，平稳祥和是他的追求。

总之，各种性格的人都很好，他们都在想办法实现自我价值，只不过他们实现自我价值的方式和方法不同。因此，我们有理由以更为宽广的胸怀去接纳和欣赏各种性格的人。

三、沟通的五大原则

沟通时，如何关照到对方的性格特点呢？有一些总的原则可以做参考。

（一）他慢你快

沙和尚是很慢的一个人，如果你也变得很慢，这还干不干事了？所以他要是慢，你就要快一些。但是，这里面有一个度的把握，就是说你可以尽量向他的慢靠拢，但并不是跟他一样慢，更不能比他还慢。要有关照对方的意识，只比他稍快一些，而不是绝对的快。孙悟空就是因为没有这种意识，只顾着自己的快，也许是他很少跟沙师弟有交集的原因吧。蓝色性格的唐僧也属于慢节奏的，孙悟空从来不会放慢速度跟师父好好解释，只是用最快的速度解决问题，所以他辛辛苦苦干了很多事情，师父还是对他不满意，对他说的最多的一句话可能就是"休得胡来"。所以如果对方是蓝绿性格的慢性子，你就要稍微地变慢，迁就他。反过来说，如果你是慢性子，而站在你对面的人是快节奏的，就要有意识地向"快"靠拢，缩小差距，如果双方都给对方多一点了解，都向对方靠拢一点点，那么人际关系和谐度的提升可能就不止一点点了。

（二）他说你听

黄色性格的人特别能侃，他特别希望你能听他说，就像黄色性格的猪八戒，他太爱说了，需要一个好的听众。如果你跟这样的人在一起，你跟他抢着说，对方可能扭头就走。我们看到，猪八戒和孙悟空两个外向的人在一起说话时，谁也不愿意当听众，于是他俩就很容易争吵，因此猪八戒会去找沙和尚说话。猪八戒跟沙和尚的关系很好，因为不管他说什么，沙和尚从来不插嘴，只是静静地听，也很少对他说一个"不"字，总是默默地接受着，于是猪八戒碰到好听众了就很开心，可以去随意地展现自己。反过来说，猪八戒也要意识到给沙和尚一些机会，听听他是怎么想的，我们看到猪八戒和沙和尚的交流中很少用到问号。

（三）他悲你喜

蓝色性格的人忧患意识很强，遇到事情很容易往坏处想。碰到这样的人，如果他"悲"的时候，你也悲悲切切的，那事情可能就会向坏的方向发展。所以，他"悲"的时候，你就要"喜"，他很悲观时，你就要用乐观去带动他。这分两个方面来讲，如果他"悲"，并且还是外向型性格的人，你就要做他的听众。外向性格的人悲伤了，一定愿意说出来，愿意骂出来，愿意吵出来，那好，你就做他的听众，以淡淡的微笑听他诉苦。那么一个内向的人悲伤了怎么办呢？内向的人通常都是被动型的，他需要带动，你要把他带出来，鼓励他说出来，让他骂出来，让他快乐起来。

（四）他动你静

一个多动的小孩，可以和另一个多动的小孩在一起玩，玩一小会儿还可以，时间长就不行了，因为彼此都会感觉不舒服，甚至还有可能会吵架，会抢玩具，会争着当游戏的主角！如果能够选择的话，爱玩儿、好动的孩子可以去找最需要他的人，谁最需要他呢？那个不太爱动的孩子一定最需要他，因为内向的孩子正好需要带动。我们来看猪八戒，像他这样的人太爱动了，为什么他和孙悟空的关系不是最好的？因为孙悟空比他还爱动，这一点儿就够他烦的，而且孙悟空还总爱捉弄他，他就更加不愿意跟孙悟空在一起了。相比之下，沙和尚和唐僧的安稳沉着更让猪八戒的"动"有市场。蓝绿性格的人喜静不喜动，红黄性格的人喜动不喜静，师徒性格之间的天然互补是他们相处愉快的重要条件。

（五）他粗你细

猪八戒这样的人粗心大意，如果再跟粗线条的人搭配，那事情很容易被搞砸，这样的搭配肯定不是最佳的。所以，如果对方是一个很粗心的人，你一定要细心一些。如果他某些方面想得不周全，你就要替他多想一点。不管是夫妻之间，还是同事之间，要有意识地去弥补对方的不足，这样才能够把关系处得更好，也才能把事情做到更好，这也是为人之道。同时，对对方不擅长的部分要更宽容些，以这样的态度相待之：他不是不负责，是性格使然，和那些天生细线条的人相比，他粗心大意的概率肯定是高的。但反过来说，那个粗心的人既使知道对方是个细致之人，也要经常想到"细心"二字，沟通的时候要让自己收敛一些，并且尽量细致一点，做一做听众，这样相处起来自然会和谐很多。

第七章
外向性格与人际交往

我们在人际交往中，会在很大程度上显现出自己的性格特点，所以当我们知道了四种性格的基本模式后，可以很好地帮助到我们。

　　首先，我们在人际交往中会不自觉地用自己的思维模式思考问题，并用自己最佳的态势去交往。性格在其中无时无刻不在左右着我们。我们要对自己的交往特点与水平有个了解。本性难移的性格部分决定了我们在交往中的一些特质，比如，乐于主动交往或者跟陌生人实在没话说……既不强求自己改变，也要理解自己的不容易；既要接纳自己的特点，知道优与劣的显现方式，也要珍惜每次成长带来的良性变化；但前提是先要了解自己！

　　我们在交往中也都对对方给予的积极回应有着期许。我们对对方的了解越多，就越能把话说到点子上，我们得到的积极回应就越多。沟通顺畅就称为有效率，总是沟通顺畅就称为聊得来：

　　你怎么这么了解我，真说到我心坎上了。

　　咱们真对脾气，我就愿意听你讲话。

下回咱们接着聊……

只有了解了自己和他人的性格特点,才能既关照到自己的需求,又关照到对方的需求,最终达到知己知彼,悦纳彼此,更好地做到无障碍沟通。

外向性格的人和内向性格的人对人际关系的看法不同,在人际交往中的表现不同,对沟通的美好诉求也不同,但不管什么性格的人,都希望对方用他乐于接受的方式来对待他。每个人都生活在关系中,关系的品质大大决定了我们生活的品质。

本章介绍与外向性格的人交往的一些思考。

一、如何与红色性格的人相处

王小姐参加工作两年,却已经换了多家单位。问题出在哪呢?全都出在沟通上。她离开公司的原因都是人际关系出了问题。

职场中的人际关系主要有两大类:第一类是跟领导的关系,第二类是跟同事的关系。而王小姐的问题主要出在跟领导的关系上。工作中,领导说要如何做,她总能发现问题,并说出这样做的弊端。能发现问题是好的,但一定要注意你的表达方式,尤其是对领导。跟领导说话,直指领导的错误,把所有的问题都抛给领导,从道理上来说也许是对的,节约了时间成本,看似会很有效率。但哪位领导不要面子呢?尤其是在指出对方不足的时候,沟通的态度直接影响着对方愿不愿意接受。红色性格的人一不小心就会赢了道理而输了情分。王小姐说,她也曾意识到这样跟领导说话不好,但就是很难改变。

后来在咨询中,我发现她有两个方面值得注意:一方面,她自己本身是红色性格,说话容易直接和强硬。直接进入主题,就事论事本身是很值得称赞的能力。可是领导受不了啊,领导会有这样的感受:小王说话没大没小;自己有被指责的嫌疑,缺乏敬畏感,被下属小看……这其中的哪一条拿出来都够让领导不爽的了。但小王也真是冤枉,她在直指问题的时候根本就没想这些,只是就事论事。她认为能尖锐地发现问题那是一种本事,应该被夸赞才对。而且她还会认为就效率而言,自己这样做是无可挑剔的。她还会认为是领导的度量有问题……双方各有各的想法,完全拧巴了。也许最初领导会容忍,但容忍到一定程度,如果有更合适的人选出现,他就很难再容忍了。于是长久以往,人际关系的去向就只有各走各的路、分道扬镳了。

另一方面,王小姐从小就跟妈妈生活在一起,爸爸常年出差在外,很少管她。而她的妈妈恰恰也是红色性格的人,非常倔强,非常强势。爸爸不常在家,妈妈一个人带孩子还要打理家庭事务很是辛苦,所以对女儿的要求很严,希望她听话,别给自己找麻烦。也是因为妈妈从小对她要求就很严格,所以她从小就很逆反。我们经常说孩子们到了青春期才会逆反,但红色性格的孩子却从小就会逆反。妈妈越是强迫她做什么,她就越不做什么。心里总是不服气,总想抗拒给她带来压力的人和事。于是这样的孩子长大以后,谁露出强硬的模样,她就反感谁,就跟谁对着干。而领导和妈妈有一个相似的角色那就是都代表着权威,由此看来,她跟领导说话时已经是克制的状态了。她要为自己抗争,这已经成为她人际关系中的一种模式。所以,她跟上司说话也难免会露出强硬与不客气。我们一方面认同她红色性格中的本性使然,另一方面也为她缺少这份自我觉察而惋惜。从这里我们可以看到:父母了解孩子儿童期的本然性格多么重要。

总之,这个红色性格的女士,从小就没有学会如何跟一个权威人士相处。如果遇到的领导不是红色性格的,还能多干一段时间,要是遇到的领导也是红色性格的,强硬对强硬,双方沟通起来更有难度……

现在,大学生找工作不容易,找到工作后胜任工作也不容易,但最难的就是人际关系的处理。其实不仅是刚毕业的大学生,即便是现有的职场中人,也有很多是被人际关系难倒的。沟通之前先来看一看红色性格的人最需要什么,如何给对方最需要的东西。很多情况下,相处出了问题,源于我们不了解对方的性格需求,人家想要东,你偏给人家西,那怎能不出问题呢?与红色性格的人相处至少要了解以下几点。

（一）红色性格的人的控制

如果我们相处的对象是一个很强硬的孙悟空式的人物，如何跟他相处呢？红色性格的人内心有一个去向，那就是控制。他的控制不是非要通过打压对方来完成，跟道德无关，跟人品无关。我们可以看出师徒四人中，孙悟空对这个团队是有一种控制的感觉在里面的，一方面这是他作为大师兄应该具有的职责，另一方面他的确有一种不可抗拒、愿意为你撑起一片天的气魄。想扛事还能扛得了事，并且愿意主动扛事，如果大家忽略了他的主动性与良好的利他愿望，相处时就容易发生问题。在这样的人面前，如果你再持控制的姿态，那强硬对强硬就很难相处了。如果你把他的这些做派用负面的道德词语来评价，那么很容易带来伤害，最常见的说法有：高傲自大、蛮横无理、目中无人、目无尊长、嚣张跋扈……红色性格的人就成了无辜的受害者，生活中这样的性格认识误区天天都在上演。但是，如果我们了解了他们的本然性格，那我们也就容易换个积极的角度给予评价，那结果就不一样了，可能形容他们的词语就是：英勇无畏、正气凛然、舍我其谁、决胜千里……

（二）红色性格的人的被感激

红色性格的人很在乎被感激，不是一般的表扬和称赞，这些都不够力度，感激更加有力度。在红色性格的人的日常表现中，他们的那份强大在不断地告诉你：我是一棵大树，特别高，特别壮，特别有力量，靠过来吧，有我在，放心！他们的每个肢体语言也都在说这样的话，如果你懂得了，就去靠一靠他的肩膀，享受一份依赖，并热忱地表达对红色性格的人的感激之情。可惜的是，生活中有太多人看不到红色性格的人对这份感激的需求，说不定还总找碴，说他们过分张扬和不谨慎呢。红色性格的人的热情之火总是会被不理解的人浇上凉水，或者即使对红色性格的人有了感激之情，但却不表达出来。他们不知道，如果表达出来了，红色性格的人为了这份感激，会表现得更加吃苦耐劳，也会继续承担重任。比如说："有你真好！""有你罩着，我真的很幸福。""今天这件事多亏了你，否则后果不知会怎样呢！""以后这方面可以继续仰仗你吗？""有你在，我们心里踏实多了！"

来看孙悟空。西天取经途中，孙悟空立下了汗马功劳，但他极少听到感激的语言。有时候他也会发牢骚，说一些埋怨的话，一些不满意的话，其实他在说这些话的时候，是给大家一个信息：你们看到我的辛苦了吗？可是很少有人能读懂他，猪八戒和师父都极少回应他。只有沙和尚曾说过："大师兄，你辛苦了！大师兄，你别生气了！"虽然算不上多感激的话，但对孙悟空来说也算得上是很大的安慰了。也许我们会说，他所干的都是应该的，向别人伸手要感激就不对了。从人性出发，我们给予感激，是一种支持、一种理解、一种感恩！

（三）红色性格的人的领导才能

红色性格的人是天生的领导者，如果你是一个领导，就可以拿出一些事来给他管理，有人管理了你多省心，多轻松，何乐而不为呢？做领导就是要把合适的人放在合适的地方。而红色性格的人在组织中不知不觉地就会让大家感受他管理者的潜质，同等条件下，会被首先提拔到管理岗位。跟红色性格的人在一起做事，你要有做配角的心理准备，要委婉地提建议，你可以帮助他多思考，但最终的决定或结论要经由他的口说出来。如果愿意的话，为了配合他，你可以主动承担一些细节性的工作，那你们一定会相安无事。不要跟他争论，但可以讨论。因为一般情况下你是争论不过他的。

来看孙悟空。每当危难时刻最能显现他红色性格的能力。当妖怪出现时，反应最快的就数孙悟空了。他永远有办法，永远不会被吓倒，永远对整个团队有着很强的保护意识，不顾个人安危；他既会在除妖中担当重要角色，一马当先，又会指挥师弟该干些什么，还要顶着师父不让他除妖的压力，实际上是很有担当的。

二、红色性格的人的自我改善

人际交往中，红色性格的人常常需要别人迎合他、感激他。然而这只是交往的一个方面，要想获得良好的人际关系，红色性格的人自己也要积极地自我觉察并适当改善，那么应该做出哪些改善呢？以下举例说明。

（一）学会解释

红色性格的人会解释吗？你什么时候听到过孙悟空说："师父，我给你解释解释啊，为什么说这个村姑是个妖怪……"他哪有那份耐心啊！他不做任何解释，只要认为对就一定去做，因此多次不顾师父的感受，不听师父的劝告，也难怪师父要把他撵回花果山。这是红色性格的人需要注意的一个地方：要学会去解释。自己心里清楚还不够，还要让周围的人明白，只有周围的人明白了，他们才能够更好地去理解、配合。孙悟空和师父看似是简单的关系，实际上也有微妙之处。唐僧对于孙悟空多次无法无天的做法肯定是看不惯的，但又离不开他。我们想想看，如果在企业，领导者可能做出三种选择：一是按照企业的要求好好培训他；二是暂时用着，一旦有合适的人选就换掉他；三是目无领导，这次暂且饶你，下次再犯，直接换个岗位或者直接走人。如果你是一个红色性格的人，遇到事情坚持认为自己是对的，不妨耐着性子去解释一下，看看会得到什么样的回应。

（二）学会角色定位

如果红色性格的人自己是领导人，那做自己就好了。但如果红色性格的人不是领导，该怎么办呢？红色性格的人必须要学习如何做角色定位，比如是一个普通员工，那些做决定的话就要由领导者来说，即便是有想法也只能是给领导者出主意，最终的决定要让领导者说出来，然后自己按照这个决定去执行。红色性格的人怀揣一腔热血，精力充沛，容易冒进。所以，领导者想把一个红色性格的人放在自己身边，可又会怕他威胁到自己，尽管红色性格的人没有"篡位"的想法，但他的角色定位如果不严谨的话，会造成一些误解，除非领导人非常了解他、信任他。孙悟空在大敌当前时，经常自己充当领导者。弟子就要说弟子的话，办弟子的事，该做的请示要做到，该做的汇报不能省略，既要关照自己的性格需求，也必须拿出理智来做合适的事。但可贵的是，他并没有任何举动威胁到领导，他内心是非常尊重唐僧、爱戴唐僧的。红色性格通常都是能力很强的人，在中国传统文化的影响下，越是有能力的人，越要谦虚谨慎。这可是红色性格的人一生不能小看的重要课题。

三、如何与黄色性格的人相处

我们来看黄色性格的人。黄色性格是外向的、活泼的、兴趣众多的、崇尚浪漫的，这些我们在前面都讲过，那么与这样性格的人该如何相处呢？

我在医院里认识一位护士姚小妹，她是黄色性格的人，态度非常好，特别热情。她在重症监护室工作，病号和家属们都喜欢她，她要是不来，病号们都会问："今天怎么没见到姚护士啊？姚护士怎么还不来呢？"姚小妹非常热爱她的工作，一心一意地为患者服务，是口碑非常好的护士，可奇怪的是，她在家里却没有这样受欢迎，姊妹四个她排行老二，在家里的人缘很不好，与家人没什么互动，也不怎么来往，对大家庭事务也不积极参与。这是为什么呢？后来我了解到，她在家人的心目中最典型的一个形象就是：不负责任，只顾自己的小家，从来不为这个大家庭做任何贡献……一个对工作都能够如此投入的人，怎么可能对自己的亲人不负责呢？到底是什么原因让她在单位和家庭中判若两人呢？有一次我见到她姐姐也来参加我的培训课，就跟她姐姐聊了一会儿。一聊我才知道，姚小妹原来并不是这样的，是家里的活宝，可现在对大家庭不闻不问，不常回家看望爸爸妈妈,家庭聚会也不参加,家人自然就越来越疏远她了。

原来,黄色性格的姚小妹无论是在单位还是在家里,都是愿意发光发热的。但是有一个巨大的不同就是,她在医院里发光了以后,能够获得最大的满足,那就是表扬和认同。住院的患者和家属本来就很离不开护士,更何况是一个讨喜的黄色性格护士呢。于是会形成一个良性循环:你们爱我,我更爱你们!你们虽然天天按呼叫器麻烦我,但你们也把赞美和认同送给了我,感谢你们的各种认同,比如语言、眼神、握手、各种配合……但在家里却不同,大家觉得为家庭做什么都是应该的,无须赞扬,连爸爸妈妈也对她的付出视而不见,慢慢地黄色性格的人就会觉得没意思,还会这样想:是不是你们都不需要我?由于得不到良性的回馈,时间长了就越来越不想回到这个大家庭。结婚以后,更是逢年过节才回来一次,还恨不得用最快的速度放下给爸妈的礼物后就离开。

原因很简单,姚小妹的表现是因为没有得到认同。所有性格的人都希望被认同,黄色性格的人更希望你把认同表达给他。我问她姐姐:"你表扬过她吗?"她姐姐很奇怪地说:"一家人表扬什么?为家里做点事不是应该的嘛。"我就跟她姐姐说:"你不信试一试,如果你想让她对这个家好,从今天起,你以表扬的方式对待小妹,你看小妹会发生什么样的变化。"

春节到了,她姐姐给我打电话说:"张老师,春节前我就找理由有意识地表扬小妹,这次春节,大家庭聚会,她表现得可积极了。回家的次数越来越多,也愿意坐下来跟我们聊天了,整个人像变了个样似的。表现太好了!我看再表扬就该翘尾巴了!"我说:"大姐,翘尾巴好啊,中国的传统文化都说要夹着尾巴做人,但翘尾巴有什么不好呢,翘尾巴就说明她高兴!说明你投其所好了,下次她还会做得更好,你们双方都很开心,有什么不好呢?!"

下面我们就来总结一下,与黄色性格的人相处应该先了解些什么。

(一)黄色性格的人的展现

黄色性格的人喜欢拥抱生活,总是善于发现使人开心的方方面面。不仅如此,他还要时时把这些发现带来的感受说出来、表现出来。有人会认为这是好表现、不谦虚,这又是对黄色性格人的误解了。红黄蓝绿各有各的表现方式,一件事发生了,有的人只是思考与分析,有的人只是看看就是不说,有的人不仅要说还要评论一番,有的人怀揣好奇去发现事件中的喜点。没有对与错，只有特点不同，所以也要接纳黄色性格人的展现自己。他会利用一切可以利用的机会来表现自己，为了能够很好地表现自己，他会发奋努力，让自己的展现更有水准。如果你欣赏他的表现精神，那么鼓励他去做更优秀的表现，他们就会越来越努力，做得越来越好。那么，他也会很感谢你的理解与鼓励，你们之间的关系没有理由会不好。

来看猪八戒，他是很喜欢表现的。只要有施主出现，他总喜欢走在前面；见到姑娘时本应该含蓄一点，可他却总是率先打招呼，跟姑娘们说话最多的就是他了。几乎除了睡觉，他一直都在表现之中。也恰恰因为这些表现，我们才从中发现他的可爱，他从不斤斤计较，走到哪里都与人为善，不管旁人怎么看他，都不影响他继续表现自己。他不是为了表现而表现，也不是为了博得更多眼球而表现，就像是课堂上的孩子举手发言，有的只是坐着举手，有的要站起来举手。他们都只是呈现了自己最喜欢、最自然的状态，所以在评价这种状态时，有消极的评价，说他是好表现、好显摆、逞能、不稳重……也有积极的评价，说他是阳光灿烂、积极向上、活泼可爱、主动热情、知无不言言无不尽……当然还有第三种评价，那就是没有好与不好，只是本然性格使然。不同的评价会直接影响你跟他的人际关系。

（二）黄色性格的人的认同感

黄色性格的人在拼命干活时，很需要一个动力，那就是赞美，这是他的精神食粮。可是很多人不理解这一点，以为他是为表扬而活着，太没出息了，就是不给他表扬。黄色性格的人确实很需要认同，那就给予一些认同嘛，得到满足了，他就干得更有劲了，有什么不好呢？其实，所有人都需要认同，每个人身上都能发现或挖掘出值得认同的地方，只要有道理就值得我们认同。黄色性格的人就害怕遇到不习惯赞美的人、想不起来赞美的人、干脆就不会赞美的人，还有觉得一切都是应当的、不需要赞美的人。其实，赞美是美食，我们要喜欢吃、习惯吃，也要善于给别人吃。人家吃了你的美食，自然会有好的回报。正所谓，送人玫瑰手有余香。

猪八戒做了什么好事情，总会在师父面前念叨念叨，实际上是求关注、求表扬、求认同。对于猪八戒来说，猴哥是从来不表扬他的，不找碴就不错了；沙和尚是不善于表扬的，对谁都很少夸赞，猪八戒也就不指望他的表扬了；最后还是把希望寄托在师父身上，师父还好，虽然表扬不多，但还是有的，比如他和孙悟空打嘴仗或者被捉弄时，师父还是向着他的时候多，这就已经让他很开心了。但是，如果唐僧知道猪八戒这么需要认同，再多给一些，那猪八戒会有更多让人意外的精彩表现。

（三）黄色性格的人的乐观

如今人们的生活节奏越来越快，压力越来越大，如果没有点乐观主义精神，就更累更艰难了。同样面对困难，有一种人却可以活得比较潇洒，不会让自己身陷痛苦而不可自拔，那就是黄色性格的人。在困难面前，黄色性格的人是最没心没肺的，同样是过一辈子，他却能笑对人生的苦难。他认为，人有时候要向蚂蚁学习，只要生命不止，就要每天快乐地忙碌，垂头丧气是一天，乐呵呵也是一天。黄色性格的人能够让这种乐观的态度贯穿其一生，跟他在一起，就享受这份乐观、学习这份乐观。

唐僧师徒四人中，孙悟空、猪八戒都挺乐观的，猪八戒没心没肺的乐观，他是不负重的乐观，可以放下许多东西，所以他的乐观比孙悟空更纯粹一些。每次遇到妖怪，他都要打退堂鼓，我倒认为那就像小孩子撒娇不想上学一样，真正打起来的时候，他一点儿也不偷懒；每次施主看到他的模样很害怕时，他都会安慰人家，有一次，他竟然用一条小方巾把自己的脸蒙起来，只露出两只眼睛，而那条小方巾竟然是大红色的，上面还绣了花，他的乐观与可爱会足以让他有好人缘。

四、黄色性格的人的自我改善

那么，对于黄色性格本人来说，在人际交往中有什么需要注意的呢？

（一）学会独立担当

猪八戒是很感性的人，习惯跟着感觉走，不喜欢负重前行。每一次沙和尚要出去探路，或者孙悟空要出去，他都会说一句"快点回来啊""猴哥儿，你快点回来啊！"为什么？因为他们走了，猪八戒就没依靠了，保护师父这个重大的责任就全给他一个人了，他立刻会紧张，一是怕出事后自己的能力不够应对，二是他已经很谨慎了，可还是免不了会出差错；另外他是怕自己担当不好独自照顾师父的重任，怕能力不够。很多人会质疑猪八戒的责任心问题，也有人质疑他的独立担当问题，我倒是发现一个片段，似乎能帮助解读一下。

> 有一次沙和尚和孙悟空都不在，猪八戒一个人领着师父往前走，中途师父说："八戒，我好渴！"
>
> 猪八戒立刻扶着师父下马，然后说："师父您等着，我去找一找附近看哪里有水。"走了两步又退了回来，他拿起一个包袱说："师父，地上凉，您垫着坐！"这是猪八戒的原话，通常想不到猪八戒会这样体贴。
>
> 一会儿工夫，猪八戒端了一碗水快速地跑回来给师父喝，师父喝的时候呢，猪八戒在一旁伸着脖子咽着口水看，可见他找到了水自己都没有喝一口，就先给师父送来了，师父抬起头看出猪八戒也口渴，就把剩下的一些水给他喝了。猪八戒之所以这样做，是因为他明白师父一个人在这里不安全，所以会以最快的速度赶回来。这说明黄色性格的人不是不会负责任，而是在他认为最有必要的时候才会去负这个责任。所以在人际关系中，说到独立担当，黄色性格的人是可以做到的，只是我们这些外人想让这样有意义的场景多出现一些。生活中，黄色性格的人面临的环境更为复杂，每一种性格都必须经受环境的考验，人们一辈子都在找寻那个点，就是既有对环境的妥协，也有自己个性的存在空间，在这中间找寻与把控和谐。

（二）学着冷静分析

猪八戒不仅不爱做分析，还经常说："猴哥儿，咱们撒了算了！你瞧师父又被妖怪抓走了，反正不是蒸了就是煮了，要不然是又跟谁成亲了，咱分行李吧！"每次出什么事情，他首先做的不是分析。生活中也是这样，人们都习惯于去做自己能做得来的事情，黄色性格的人当然也会分析，也必须分析才能生活下去，只是他不善于首选分析，也不善于把问题分析得很深入、很深刻。所以，在他的人际关系中，可能会首先仰仗蓝色性格的人来帮他做分析，那是蓝色性格人的强项。只是黄色性格的人要有这样的觉察，知道这不是自己的强项，知道可以去求助，但也要知道，自己在这个问题上永远都走在成长的路上，而且乐于成长。想想看，黄色性格的人很擅长宽泛性思维，也很擅长跳跃性思维，如果深入性思维也比较强大的话，那黄色性格的人会成为多面手，一定会更加受欢迎！

第八章
内向性格与人际交往

跟内向性格的人交往需要耐心，不仅在交流过程中需要耐心，在交往的次数上也需要耐心，一次不行两次！想了解他们的想法，需要不断地用问号：不要用大问号，问号太大了，不知该如何回答或回答得很笼统；也不要太尖锐的问号，他们很在乎安全度的问题，否则就会关上沟通的大门了。用小问号一点点地慢慢聊，一旦他们不想配合了，就要有所觉察，赶快拐弯另寻他路。这就是给对方的关照，也是尊重。内向性格的人属于慢热型，想做深入的交往，尤其想快速深入交往会比较难，跟他们的相识相知要有一个循序渐进的过程，属于日久见人心的一类，一旦双方很熟悉了，那他们什么都可以聊，也可以非常活跃，以至于很多人都怀疑这人还是内向性格的人吗？

在第七章中，我们了解了外向性格的人际交往问题，本章主要介绍一些内向性格的人际交往。

一、如何与蓝色性格的人相处

我有一位学员叫严丽,在一家公司工作,老板(红色性格的人)特别器重她。因为每次老板扔出来一个大的方向性的策略,严丽都能够具体地去计划和实施,两个人配合得非常默契。

可是严丽并不满意,一直在闹辞职。一年半之前她就想着离开了,可是现在还在那个公司工作。那么,她为什么经常冒出辞职的想法,而又一直不付诸行动呢?蓝色性格的人是完美型的,当红色性格的领导施加压力时,她感觉压力太大就想辞职不干了,可真的要走时,她又想:领导这么器重我,这一摊事全交给我一个人来办,我一走,这摊子恐怕是要塌掉,就又不好意思走了。

于是,当领导又一次把许多事情压在她头上的时候,她觉得喘不过气来,就又冒出辞职的念头:不行,我真的要走,这次坚决要走了,我明天就给领导写辞职报告。可写辞职报告时又想:我这一走,会给领导留下什么印象呢?我可以走,但不能留下一个不好的印象,那有什么好的理由呢?想了很多理由,但觉得哪个理由都不够强大,都可能会让领导不满意。你说这人都要走了,还管领导满意不满意呢?可蓝色性格的人就是这样,要辞职还要让领导没意见。没办法做到,只好又放下辞职书,继续闷着头干!

干了一段时间,工作有变化了,需要她不断地出差。严丽一听,家里需要关照,还要出差!又受不了啦!"不行,我非得跟他辞职不可!"又下定决心辞职,就这样反反复复,一年半的时间,她还没有离开那家公司。

她公司的领导是红色性格的人,红色性格的领导脾气不太容易改变,不断给下属新任务、新压力也是出于工作需要,可以理解。只是他对蓝色性格人的心理没有更多的了解,察言观色也不是他的强项,尤其是对内向性格人的察言观色,他竟然没有发现严丽准备辞职,一年半了都没发现。

这个红色性格的领导还经常说:"严丽,你应该感激我(红色性格追求感激),这么重要的位置没给别人,你知道在这个位置上会有多么大的成长吗?"严丽本来就感觉压力很大,不想在这儿干了,领导的这种姿态能留住她吗?可能更不想干了吧。如果领导人注意到严丽的变化了,就会知道原来严丽是一个完美型的人,她在求全,宁可委屈自己也要求全,这是多么难得!有了双方共同的理解,接下来采取什么办法改变就不是难事了。这里的问题是,严丽从不找机会跟领导表达自己的困扰，过分看重领导的信任，过分委曲求全，而看不出她为减负做了什么努力。红色性格的人高高在上也让她望而却步。她对领导的态度也是复杂的：感激领导的信任，不满领导的不断加压，还要对得起领导的重托，长时间的超负荷运转、压力过大、精疲力竭……这些都搅合在一起，严丽反倒要拿出很多精力去对付情绪，那是在内耗！

下面我们来总结一下与蓝色性格的人相处应该了解些什么。

（一）蓝色性格的人的完美主义

蓝色性格的人为了工作、为了周围的人，可以奉献出很多东西，这是很可贵的。他们愿意花力气把所有事情都安排得井井有条，只有这样他们才安心。他们总是为别人着想，尤其是对待他们的亲人。如果他们愿意多想，你就迎合他。如果他们愿意多说，也是因为他们有一百个不放心：或是担忧你的安危，或是怕你还不够重视，或是怕你弄不好，最终是怕你不能达到他们想要的那个水准。那就请理解他们吧，表示你都收到了，接下来会尽力去做的；如果他们不愿意闲着，就让他们多干，因为干得不周全，他们是放不下的，继续理解、继续迎合。

来看唐僧。唐僧正是太为别人着想，才会不允许孙悟空的过分表现；也正是太为别人着想，才会多次制止孙悟空。很多蓝色性格的人喜欢管人，那一定是为对方好，他总能看到对方不够完美的地方，并且会有冲动要给对方指出来，想让对方再完美一些。可是很多人不理解他的好心，总以为蓝色性格的人在挑剔，真是冤枉啊。

很多时候人与人之间的关系就是这样微妙，大多数时候，人们都是出于好心的，可就是由于对对方的不理解，造成了很多误会，一旦误会产生，双方都容易向不好的方面去想，直接危害人际交往。唐僧对孙悟空多重要啊，如果不是唐僧收孙悟空为徒，他说不定还在大石头下面压着呢。就是这样的关系，当师父把他撵回花果山时，由于互相不理解，他说了不少让师父伤心的话，已经不顾师徒之情了。其实，师父这样做是为他好！

（二）蓝色性格的人对肯定的需求

蓝色性格的人非常需要肯定。可是上述例子中的严丽得到肯定了吗？也难怪，她正好有一个红色性格的领导人，像孙悟空那样的人很少会去肯定别人。严丽这个求完美、讲奉献的人，具体的实施全靠她一个人，干这么多事情，这么辛苦却不能听到领导肯定的话语，难怪她要辞职了。蓝色性格的人需要肯定，因为你只有肯定他了，他心里才有数，能够确认自己做的是合适的、正确的，并继续做下去。肯定他才能够对得住他那颗谨慎敏感的心。这份肯定就是他心中的秤砣，可是很多人不知道蓝色性格的人多么离不开这秤砣，就是不给予。很多时候，这秤砣就是简单的几句话，几句话就能满足蓝色性格人的心理需求，满足了他，他会更加干劲十足。

来看唐僧。一个蓝色性格的人当领导，有一点儿不妙，因为这个职位决定了很难有下属去肯定他。我们想象一下，如果三个徒弟去肯定师父：师父，你做得不错，就这么做，继续努力啊！这是不是很别扭。因此，对于蓝色性格的领导，我们可以用感激来表达肯定，如果徒弟们说："师父啊，今天多亏有您，我们才没有做错啊。"唐僧就舒服多了，把唐僧当作蓝 + 红性格的人来看待就对了。

（三）蓝色性格的人的细腻深刻

蓝色性格的人是细腻深刻的。我们还说严丽这个例子。红色性格的领导人扔出一个决策来，那接下来怎么做？细节太多了，千丝万缕的，要综合考虑，包括如何用人、如何安排时间、用什么方法去实施……做这样复杂的事情，蓝色性格的人的那份细腻深刻，绝对能得到充分的发挥。把蓝色性格的严丽放在这样一个最佳的位置（相当于业务总监）是领导的聪明之处，也是严丽一直不想离开的一个很重要的原因。

再来看唐僧。他是一个细腻深刻的人，从他的那份小心谨慎中就可以看出。看他的表情，也能知道他是深不见底的人，不像猪八戒一眼就能被看透。团队里有一个细腻深刻的人真是福气，所有的细节部分出了问题，立刻会有人发现并改正。如果有人浮躁，看看蓝色性格的人就会收敛很多，不是吗？如果没有唐僧，猪八戒就像没有线的风筝，早不知道飞到哪儿去了；没有唐僧，孙悟空就像没有缰绳的野牛，不知道闯了多少祸；没有唐僧，沙和尚就更加不知所措，心无定数了。理解并享受蓝色性格的人的这份优势吧。

二、蓝色性格的人的自我改善

虽然蓝色性格的人在人际交往上有很多优势，但也有自己的困惑，那么，蓝色性格的人可以做出哪些改善呢？

（一）学会轻松

领导能这样对待严丽，她自己也是有责任的，她有义务让领导知道她的一些想法，有困难时有两种选择：可以说出来，也可以不说出来，各有利弊。但严丽做出的选择是向内求，去找自己的原因，一切由自己扛着，自我消化。这里面有个度的把握，消化不了了，还在硬抗，能抗多久？又要做出怎样的牺牲？蓝色性格的人通常会有很多的担心、很多的放不下、很多的顾忌，很在乎外界对自己承受力的评价，宁可通过自己负重来解决问题。蓝色性格的人要想办法让自己不那么紧张，变得松弛一些，可以试着给领导一些暗示，或者找机会让事实帮自己说话……如何轻松不紧绷。这方面有一个很好的榜样，就是猪八戒，取经路上所有的磨难他都经历了，这一路上，他会把游戏的心理带进去，会想尽一切办法，让自己少受磨难而又解决问题。当然，文学作品中的人物形象和现实中黄色性格的人肯定是有差别的，生活中黄色性格的人没有猪八戒那么纯粹，但心理倾向是相似的。他们都不会放过一切可以轻松化之的思路，这是他们解决问题的一个思考方向，可以供蓝色性格的人参考。

再来看唐僧。唐僧极少跟别人分享他的感想，受了无数次的惊吓，深陷困境，过后有何感想？从不分享。也可能是因为角色的特点，作为高僧他会自己化解，宽容为大，慈悲为怀，修炼所致。所以我们几乎看不到他情绪有大起大落的时候。于是，他的情绪看上去总是风轻云淡的。生活中没有修炼到这种程度的蓝色性格的人，情绪的起伏是波澜壮阔的，只是蓝色性格人的波澜壮阔更多在心里。

（二）学会赞美

蓝色性格的人追求完美，对自己要求很高，对对方也要求很高。无论是看自己还是看对方，他首先看到的是不完美的地方。他经常会看到需要修缮的地方，能够快速而尖锐地指出缺点，也许对方已经很努力了，但蓝色性格的人依然可以挑出错处。不理解的人会说他过于挑剔，理解他的人才知道他对人对己都很挑剔，也因此他做出的事情都非常有品质，无可挑剔。可这也带来一个问题，就是他对人对己不够宽容。看到别人的好并及时表扬或赞美，这种行为需要有意识地去培养。在生活中，双方之间无论是亲子关系还是夫妻关系，乃至上下级关系，要想让对方把事情做到高品质就要：一，严格要求，小鞭抽着；二，小红萝卜引着，不断地表扬与激励。也许两种方法都用，叫作恩威并施。只用严格要求来达到高品质，很难持久，第一次可以，第二次可以，以后呢？看到了这个点，也许蓝色性格的人会在生活里加进一些表扬与激励吧，毕竟受到鼓励、给予赞美是你看重对方的一种表现，也是每个人非吃不可的精神食粮！可以试着先从赞美自己做起！

再来看唐僧。唐僧很少夸奖人，印象里只有一次，有天晚上，猪八戒做了一个噩梦，大喊大叫着……大家都被吵醒了。听猪八戒说完梦境以后，师父带着几分爱怜说："八戒真是辛苦了，连做梦都是妖怪。"即使是表扬，也是淡淡的，而猪八戒这样的人需要大张旗鼓的表扬。如果唐僧的表扬再多一些，猪八戒不但会更快乐、怨言更少、干劲更足，而且唐僧对这个徒弟的满意度也会更高吧。

总之，在职场里这样的事很多，人们不知道对方最想要什么，都在揣摩。最可怕的是，大家都自以为是地由着自己的性格习惯去解读对方的行为，去处理人际关系。当我们不知道对方的做派是先天的那部分性格使然时，是最容易产生误会的时候，不理解对方为什么这样做、为什么多少年都不改变，接下来就会跟对方生气，甚至会拿出一些道德层面的词语来给予负面评价。亲子关系、婚姻关系、上下级关系中这样的误会天天都在发生。如何跟不同性格的人交往，不同性格的人到底如何相处才能够让我们自己舒服，同时也让对方舒服，这永远是一个有意义的话题。

三、如何与绿色性格的人相处

我们来看绿色性格。他们是最内向的人，他们的沟通最需要什么？怎样去迎合他们呢？有这样一个故事：

> 我的一个学员王俐，一个美丽的妻子，是绿色性格的人。中国传统文化中，绿色性格的妻子是最棒的，为什么？因为绿色性格的女人害羞，不爱说话，不争不抢，老公让干什么就干什么。她的生命力都蕴含在柔弱里，她的爱意都在默默

无闻里,她缔造着家里的温暖与和谐……特别符合我们的传统文化。王俐就是这样一个漂亮又传统的妻子。她的老公是蓝色性格,稍内向,两个人非常相爱,但是由于都是内向性格,他们两个从来没说过"我爱你",甚至很少讨论关于爱的问题。两个内向的人都不太善于去夸奖对方,他们想得多,做得多而说得少。

　　有一次,绿色性格的王俐得了重病,非常严重,丈夫就放弃了工作,全身心地去照顾她,寻医问药,用了半年的时间,历尽千辛万苦把她从死亡线上给抢救了回来,两个人的感情从此就更加好了。

　　病好以后,王俐在家休假,想到这一次老公的付出太让她感动了,就写了一封长信给老公,把她这么多年的爱及老公给她的爱全都写了进去,又不好意思直接给他,就放在床头柜上。老公临睡前看到了,看完后一晚上失眠睡不着。他不知道妻子如此爱他,爱得这样深,也不是很明确妻子爱他的那些点点滴滴是具体的什么事。他第二天天不亮就爬起来了,上班之前先赶回爸爸妈妈家,拿给妈妈看,妈妈很惊讶儿媳妇竟然如此深爱着她的儿子,平常这个儿媳不说话,很腼腆,他们小两口的生活总是平平淡淡的,不知道内心有这么浓烈的爱。妈妈感动得泪流满面,老伴儿看到了以为发生了什么事情,拿过信一看,也掉泪了。三个人被这位绿色性格的妻子感动得泣不成声。

老公我爱你

通常情况下，绿色性格人的文字表达要远远强过他们的口头表达。绿色性格人的爱，需要慢慢地琢磨、慢慢地体会，他会用行为告诉你他的那颗心，而不是用嘴巴。日久见人心非常适合形容绿色性格的人。

（一）绿色性格的人的平安无事

绿色性格的人追求和平。过日子，他们相信平平淡淡才是真。生活就应该是平平淡淡的，这才是最真实、最长久的。所以，王俐认为自己爱丈夫是很自然的事，没有说出来的必要，或者她以为丈夫应该知道她是爱他的，也应该知道爱他的程度，所以她平时才很少说出"爱"这样的字眼。这就是绿色性格人的特点。

来看沙和尚。如果平安无事，沙和尚是最心安的。如果内部有矛盾了，总是他站出来调解，他不愿意看到争端，骨子里希望和平，他是团队最好的润滑剂和灭火器。沙和尚也从不制造争端，从不惹是生非，从不给团队惹麻烦，只是安心地做着自己的本职工作。在职场中，绿色性格的人是不可缺少的好员工。

（二）绿色性格的人的被推动

绿色性格的王俐是被动型的，可不巧的是丈夫是蓝色性格的人，也是被动型的人，不知道绿色性格的妻子需要被推动。如果推她一下，她就会往前走一点儿；不推，她就原地待着，也不觉得有什么不好。如果丈夫经常说：″老婆，你在想什么？告诉我……老婆你对这件事是怎么考虑的？″妻子才会愿意说出心里话。你得把她的话往外拽，她才能说出来，拽习惯了，她才会经常跟你多说一些。夫妻之间一定要经常交流，这样会减少很多误会的产生。绿色性格的人是需要推动的，这一点蓝色性格的丈夫没做到。但这里说的推动，是小小的推动，用力过猛了，就打乱了绿色性格的人对和平、和谐的在乎。比如父母大声的、发着脾气的吼着绿色性格的孩子：″快点、快点，要迟到了，你要磨蹭到啥时候……″绿色性格的孩子可能不会用语言表示不满，但内心已经起了不想跟你合作的念头。小小的推动，对方感受到的是被帮助，过分的推动对方感受到的是被排斥。

来看沙和尚。如果不主动跟他说话，他是不会理人的，人们会误以为这个人不好说话、不热情，其实他并不排斥你走近他，每次出事的时候，沙和尚还是很积极配合的，孙悟空和猪八戒吵起来了，他也会主动来劝架，不会袖手旁观。如果发现你需要帮助，他也很乐于帮助，只不过整体看来他是需要推动才能前行的人，或者跟其他性格的人比较来说更需要推动。

（三）绿色性格的人的耐心

绿色性格的人是最有耐心的。耐心中有一个表现就是沉得住气，不到万不得已是不出手的。王俐如果不是因为这次重病，她依然继续有耐心，一辈子都不说这些能让人感动落泪的话。平时她一定认为这些话挺肉麻的。其实肉麻吗？即便肉麻又怎么样？夫妻之间难道不需要吗？可是绿色性格的人最不会说肉麻的话，也最害怕听肉麻的话。但是需不需要呢？一定是需要的。沉得住气固然好，现在的生活节奏越来越快，耐心也越来越稀缺了，拥有耐心的品质太重要了。但还是那句话，优点过了头，就成了缺点。所以，首先我们要去理解她的性格特点，但也需要绿色性格的人能觉察到自己的这个特点。

来看沙和尚。论耐心谁也比不过沙和尚。被抓进妖怪洞里，唐僧和猪八戒都焦虑不安，只有沙和尚在静静等待大师兄的到来，或者是在默默等待命运的安排，他并不是悲观，而是因为着急也没用，也许接纳是最好的选择。孙悟空和猪八戒三天两头吵嘴，冷静的沙和尚永远也不会参与，只是耐心地做着自己的事情，总是不急不躁，就像那平静的湖面，那些急性子要是跟这样有耐心的人在一起，跟他聊聊天，享受湖面一样的平静该多好啊。

四、绿色性格的人的自我改善

绿色性格的人有很多优势，但也有需要改善自己的地方，下面举例说明。

（一）学习主动

绿色性格的人天生就是被动型的，要想让他主动不容易。但是人活在这个世界上，有太多的时候需要主动了，比如一个绿色性格的男孩要去追求女孩，不主动点儿行吗？一个绿色性格的爸爸要为孩子撑起一片天，不主动点儿行吗？一个绿色性格的领导人率领团队，不主动点儿行吗？如果太被动了，很多时候机会会与你擦肩而过。不能快速地发现机会，就不能牢牢地抓住机会。如果不主动，很多时候人们就会忽视你、忽略你，甚至感觉不到你的存在。绿色性格的人经常会有一种不被重视的感觉，可能就是因为不主动。绿色性格的人当然是会主动的，只是跟外向性格的人相比较，他主动的频率和幅度稍小而已。

来看沙和尚。就电视剧《西游记》来说，沙和尚的主动性与被动性挺和谐的，看不出有什么不妥，当然这也是作者的有意安排。如果沙和尚的主动表现再多一点，猪八戒过多的随意性表现可能会收敛一点。如果沙和尚再主动一些，孙悟空的担子可能会减轻一些。孙悟空有事跟谁商量？跟猪八戒商量，商量不了两句就吵起来了；跟唐僧商量？商量不了两句唐僧就会开始教育他；跟沙和尚商量？商量不了两句就无话了。但如果沙和尚再积极一点，他可能会成为孙悟空非常好的商量伙伴。

（二）学习表达

王俐这样绿色性格的人，有一个特点就是话少。人的性格千差万别，但互相理解是需要语言沟通的。所以，绿色性格的人就要尽量适时地表达自己。不需要过多的表达，但也不要像王俐那样吝惜自己的表达。表达过少，周围人理解你的难度就大了。

相对而言，四种性格中，嘴巴最笨的是绿色性格的人。其实表达不需要巧舌如簧，在恰当的时候说出你的感受就可以了，一辈子闷着不表达自己，那将会给你的生活带来许多不便。工作中，生活中，说出各自的想法对于互相理解是非常重要的。这种表达不仅需要用语言，还需要肢体、眼神、表情……绿色性格的人可以把心思藏得很深，他并不是有意识地藏着，那是一种很自然的做派。其实生活中绿色性格的人也会发现自己的这个特点，环境对他的表达肯定也是有要求的，于是他也一直在试图多说点，周围人如果给他很好的回应，那绿色性格的人就会越来越能说。

来看沙和尚。四人中最猜不透心思的就是沙和尚了，不知道他都在想些什么，也基本看不到他长篇大论地侃侃而谈，再加上是最小的师弟，很自然地就把他放在最不起眼的位置上了。有什么事有师哥们冲在前。当然，沙和尚自己并不在乎让自己多"起眼"，可是取经的任务虽然是完成了，但总觉得沙和尚还有很多能耐没有展示出来，他像个无底洞，很难看清他的底儿。他的语言太少了，当然，话少并非绝对的缺点，也许他能引发我们更多的关注，有时话少很金贵，没有话还被称为"沉默是金"呢……如果当下的环境需要多说，你要尽量多说。

好的人际关系是多维度的、立体的，性格只是影响人际关系的一个角度。人际关系的处理如果符合当时的情境，跟当下和谐，就是好的。每个人都有值得我们借鉴的地方，都有值得我们仰慕的地方，我们愿意去发现，愿意用自己的方式去应对，同时又欣赏不同的处理方式，不知不觉中人与人之间的和谐度就不一样了。

第九章
性格与择偶

年轻人经常会探讨这样的问题：我们分手的原因主要是性格不合。找什么性格的最好？是找性格相似的，还是找性格不一样的呢？有人说这样好，有人说那样好，真是不知道该怎么办了。都说性格决定命运，要是爱人没有找对，这婚姻的命运会如何？我试着从本然性格这个角度谈一点个人的看法。

一、哪种性格的爱人最适合你

（一）红色性格的爱人

要是找红色性格的人做爱人，你会觉得心里很踏实，因为他会给你一个宽阔的胸怀，你可以依赖，可以信任，不管生活中出现什么艰难困苦，你都不用害怕。如果丈夫是红色性格的人，他的肩膀是厚实的，有力的，有他在就有安全感；如果妻子是红色性格的人，她会是一个非常有能力的人,家里家外都很能干,是当家的好手,把家交给这样的女人绝对省心、放心。找红色性格的爱人很好,但你也要有心理准备,他可能会是个急脾气,这个急脾气约等于坏脾气,这个脾气在谈对象时不会轻易显现,结婚以后要在这个方面给予更多的理解空间。

(二)黄色性格的爱人

要是找黄色性格的人做爱人,你就太快乐了!这个积极向上、乐观的人会一辈子用快乐陪伴你,用快乐带动你。一直到老,他都是那样快乐,他是那样的容易快乐,你们也会有个快乐的晚年生活。很多人到了晚年,心态就有了变化,对什么事都不感兴趣,对生活也缺乏激情了,但是黄色性格的人从小就爱玩,长大了还爱玩,到老的时候仍然爱玩,他的晚年也会过得丰富多彩。

　　黄色性格的人在生活中充满了乐趣。所以，如果你有幸找了黄色性格的人做爱人，真的要恭喜你！但是，你也要提前有心理准备：正是因为黄色性格的人骨子里的玩心太重，他的操劳之心就会弱一些，他更在乎生活的宽泛之美而非精致之美。

（三）蓝色性格的爱人

要是找了蓝色性格的人做爱人，那太好了，他会把你关照得无微不至，生活中大大小小的事他都能够为你考虑到。正是因为细致，所以他在生活中不会有大的闪失。他善于发现问题，绝不会让星星之火发展到燎原之势。当那些问题还是星星之火的时候，他就看到并加以预防了。

蓝色性格的爱人很认真，敛责任，可能连你的责任他都在往自己那儿敛。遇到蓝色性格的爱人，你可能会说："我烦死你了，你把我安排来安排去，你把我安排得这么细致，我自己都不知道该怎么办好了！"这是多么幸福的"埋怨"啊！恭喜你了！但要注意：蓝色性格的爱人可能会有小心思，你要做好准备经常去解他的"思想疙瘩"。

（四）绿色性格的爱人

如果你找了绿色性格的人做爱人,同样要恭喜你!四种人中,绿色性格的人非常喜欢投入家庭生活中。如果可以自主选择的话,绿色性格的爱人可能不会首选事业,尤其是绿色性格的女性,她愿意努力把家里的生活安排得妥妥当当,把家里的人照顾好。他最信奉的一句话是"平平淡淡才是真"。别看青年时期平淡无华,但他与你一定相安无事,一直到晚年,他都遵守一个诺言——"要让我的家庭、我的亲人都平安幸福",内心温暖!

很多人年轻的时候想要火热的激情,觉得浪漫才有意思,其实那个时候绿色性格的人就已经开始追求平淡,他们最大的愿望是平稳地度过一生,这多好啊!当然了,跟绿色性格的人结婚也要有心理准备,他是个节奏稍慢的人,他想得多而说得少,有想法却不急于表达,你们要努力达成默契。

二、奔波型和休闲型,哪个最适合你

什么是奔波型,休闲型又指的是什么?它跟我们的择偶有什么样的关系呢?

(一)奔波型

师徒四人中,红色性格和蓝色性格的人属于奔波型的。他们闲不住,一定要有事情做,一直到老都闲不住。在生活中蓝和红都很容易成为事业型的人,不能容忍无所事事。他们跟懒惰无缘。有时大家会调侃他们是干活儿的命、操心的命、闲不住的命。

如果你正好属于奔波型的人，那要恭喜你了，通常你会活得很充实，很可能事业有成，因为你的忙碌不会白白付出。虽然你在工作中很忙碌，在家里操劳，但你是幸福的、享受的，要是不让你忙碌，你反而心里会很难受，空落落的。生活中有些人经常高喊："我都忙死了，我都累死了，你们有没有良心啊！谁也不来帮帮我！"其实他们就是喊喊而已，若真让他们闲下来，什么都不许干，要不了两天他们就会去找事做了。

比如，蓝色性格的爸爸操了一辈子的心，到了晚年，孩子们都大了，不想让爸爸再操心，家里发生什么大事都不告诉他了。结果你会发现，不操心了，爸爸没着没落的，无精打采，反而老得更快。有的老人没事情可以出去玩，可蓝色性格的老人不行，他们一生都在为子女活着，到了老年更是这样。看似管不了孩子什么事了，但那份"操心"永远都不会停止。他们要不断地去落实孩子们是不是都安好。如果什么事都不告诉他们，他们就会觉得自己没价值了。因为到了老年，他们的价值感更加体现在为孩子们服务上面，现在不让他们服务了，他们的心都空了。所以如果老人是蓝色性格的话，他们愿意操心就让他们操点心，太令人烦恼的事可以不告诉他们，但不要所有的事都不告诉他们，得让他们操点心、做点事，这是他们的性格需要。这就是奔波型的人的特点。

那么，奔波型的人应该注意些什么呢？

1. 接纳自己

每个人都有自己的特点，特点中蕴含着优势潜力，如果你属于奔波型的人，就接纳自己，发挥自己的优势潜力，去追求有价值而充实的生活。坚信自己所付出的一切都一定会有回报,这样做会满足自己的性格需求,这是很重要的。也许你很羡慕休闲型的人,没问题!可以羡慕,可以向他们学习,也可以跟他们交朋友,但不要想把自己变成那样,因为本性难移。其实,休闲型的人还很羡慕你呢,这两者之间没有好坏之分,只是特点不同。

2. 适当地调节自己

通常奔波型的人会很矛盾,一方面很享受忙碌,另一方面又觉得自己负担太重。所以,你要有意识地放下一些负担,不然可能会成为工作狂,停不下来了。年轻时身强力壮的,这样做没问题,但如果有一天身体累垮了,或者退休了,必须停下来的时候怎么办?要张弛有度,未必要一直奔跑。感觉到累了就要有意识地调整自己,增加自己休闲、放空的时间,让自己的生活更有弹性。如果做不到,你可以慢慢学习,也可以找休闲型的人来与自己为伴。

(二)休闲型

师徒四人中,猪八戒和沙和尚属于休闲型的人。工作以外的事情更吸引他们,如果非要工作,他们也是最懂得劳逸结合的人。猪八戒的游戏心理会让他有一个很高的工作境界,那就是把工作玩出水平来,就像我们对小朋友说:

"你那么爱玩,好啊。聪明的孩子都爱玩。学语文也是一种玩啊。语文书里可是有个好玩的大世界,带着你的好奇心去旅游就好了。能玩出高分那就叫水平!祝你在这里玩得开心!"

沙和尚的松弛比较有代表性,他能躺着就不坐着,能坐着就不站着,能站着就不走着,能走着就不跑着……在这里请不要用"懒惰"来解读他,这里蕴含着不做生命中无谓的浪费的意味,必须要站的时候才站,必须要走的时候才走,必须要跑的时候才跑。最早冲到终点的未必不是他!他懂得松弛,懂得储能,懂得不在剧烈的碰撞中跟你抢球,逞一时之能……

如果你正好属于休闲型的人,那要恭喜你了,通常你会活得自在舒服,该干嘛就干嘛,不用杞人忧天,把自己活好是一切的前提。休闲型的人的心灵温度更多的不是炙热而是温暖,因为他们求平稳、求自然、求自在,他们也从这个角度解读自由!

休闲型的女人即使看电视都与众不同。绿色休闲型性格的女人会把自己窝在沙发里,越懒洋洋越舒服;而黄色休闲型的女人怎么看电视呢?她们会比较热闹,茶几上放着瓜子、花生、遥控器,还不能少了一盒纸巾。电视里面笑,她们也笑,电视里面哭,她们也跟着哭得稀里哗啦的!如果旁边有家人的话,她会不断地解读给你听,或者不断地发出感慨。

对比一下,跟休闲型的女人不同,奔波型的女人一般不会一心一意地看电视,红色性格的女人可能会一边拖地,一边瞄一眼电视;或者干脆抽出两个晚上去网上把连续剧一口气追完。蓝色性格的女人是偶尔会来看电视,可能也是一边看一边干些别的事。但遇到煽情的节目也要有纸巾在手边,因为她们也是性情中人,看电视的时候也会跟着故事情节哭得稀里哗啦,对于悲剧片要么不看,要么就是看得难受得不能自拔。不同的是第二天黄色性格的女人已经阳光灿烂，而蓝色性格的女人还久久不能忘怀。

总之，休闲型的人更加崇尚自然，更加在乎生活的丰富多彩。那么，休闲型的人应该注意些什么呢？

1. 享受生活也享受工作

休闲型的人很会享受生活，所以若跟他们在一起，不会紧绷，不会孤独，不会缺乏情趣，他们能陪着你一块儿享受生活。如果可以选择的话，他们的第一个选择一定不是工作和事业，而是家庭，他们很愿意享受家庭生活，是愿意过日子的人。可是不去工作好像不太现实，所以劳逸结合对于他们来说尤为重要，既要放下些自己的随性，也要把工作承担起来，只是在工作中要根据自己的特点合理安排娱乐和放松。享受生活也包括享受工作，只是如何享受工作是需要备课的。

2. 在职场里需要鼓足干劲

休闲型的人在职场里一不留神就懒散了。所以，原则性问题上一定要注意，该坚持原则的时候、该保持积极的工作状态的时候、该严肃的时候，就要拿出这种状态来。对待工作，必须有意识地拿出你的那份理智，打起精神，直奔目标任务。当觉察到自己任性时就要提醒自己：我现在处于工作状态，不可以太松懈，工作需要我的速度、效率、品质……可以试着把自己的快乐、休闲和枯燥繁重的工作糅合在一起，你中有我，我中有你。

奔波型和休闲型的对比只是我们对性格特点的认知的一个视角，对更适合做未来的伴侣的人的性格特点进行描述，为未来提供参考。

在实际生活中，每个人的性格表现更为立体，也更为复杂，因为已经受到后天的道德、修养、学识、文化等的影响和沁入，是先天的性格与后天环境互相影响的综合体，所以，既不要把分类太绝对化，也不要忽略对方本性难移的影响。同时，奔波型和休闲型这两类之间也会在相处中被相互沁染。所以没有哪一类是绝对的好或不好。好与不好还是要看当下环境的接纳度及评价视角。

三、与性格互补的人结合会怎样

内向和外向相互补，红色性格与绿色性格相互补，蓝色性格与黄色性格相互补。或者说得更明白些，孙悟空和沙和尚性格相互补，唐僧和猪八戒性格相互补。当然，我们也不要把互补绝对化，是相对而言的。

有时候，在一个环境里，你会发现有这样一个人，从来没见过，但是你看他就感觉很舒服、很顺眼，他的做派让人看上去就很欣赏，在人群中他会引起你的注意。有人说这是有缘！若从本然性格来看也有一定道理。

以红色性格为例说明。假如对方是红色性格的人，他会经常以红色性格的状态来表现，他的嘴角、眉角、服饰都能够透露出他的性格信息。他首先吸引你的就是性格所反映出来的多种信息。如果你们的修养、学识、价值观等也能相似或相融的话，那可能就会一见钟情。

那么，谁跟谁很容易相吸引呢？看看下面这两个故事。

（一）参加舞会的红色性格男生与绿色性格女生

如果要去参加一个舞会，谁最不愿意参加？一定是绿色性格的人。可是一个红色性格的男孩太想去疯狂地玩一玩了，他要去找个伴，找谁呢？谁最容易听他的话，他想到了一个绿色性格的女孩。

"今晚上电视台有个舞会，咱们一块儿去吧！"

"舞会？！你饶了我吧！！我可不去那种地方！"

"为什么？挺好玩的。"

"我不太想去那种地方。"

"去吧！一天到晚就知道工作，也要放松放松！跟我去没事！"

"不是，看到那么多人我就挺害怕……"

第九章 性格与择偶

> "你管那么多人干嘛！有我呢！去吧！行不行？"
> "其实说实话，对我来说去也行，不去也行。"
> "那就去，有我呢！我陪着你！"
> "那好吧，去就去吧，你可不许扔下我自己玩去了啊！"
> "跟我走你就放心吧！"

这个红色性格的男孩太想出去玩，太想号召别人了，谁最容易听话？他第一想到的就是绿色性格的人。这个男孩太想做决定了，偏偏绿色性格的女孩特别不想做决定，那正好可以帮她做决定。红色性格的人天生就是一个带动型的人，最需要他带动的就是绿色性格的人。一个外向、一个内向，一个主动、一个被动，一个快节奏、一个慢节奏，互相之间都很互补。

那么这个绿色性格的女孩会怎么看红色性格的男孩呢？天哪，幸亏遇到这个红色性格的人，要不然我可不会去参加这样的舞会，来了以后才发现也挺好玩的。他热情，主动，能带动（关照）我……我就懒得费那脑子，跟他在一块挺好的，我没有的他都有，我不想做他想做，而且我发现他也挺需要我的，每次干什么事都希望拉着我，当他很急的时候，我这个慢性子一出现，他反而挺开心的，他会看到我不用急躁也能把问题解决了。我们两个互补，挺好！

他们性格互补，很重要的一个美妙之处就在于，红色性格的人说："我在她这儿有被需要的感觉。"也就是红色性格的人在她这里很容易获得成就感。谈恋爱的双方，男女之间最重要的就是这个成就感，就是有被需要的感觉。也许跟其他性格的人在一起也可能有被需要的感觉,但是不像这样的两个人,简直就像两个齿轮!一个低的地方,另一个高;一个高的地方,另一个低,完全吻合,严丝合缝,这样的两个齿轮在一起转动,能够轻轻松松地往前走。人生难道不需要这样的伴侣吗?所以,红色性格的人会很自然地首选绿色性格的人,反过来,绿色性格的人也会首选红色性格的人。这样的天然吸引容易让他们进入恋爱阶段,至于能不能走入婚姻殿堂、能不能走好一辈子还要有更多的综合元素来决定,但性格是非常重要的元素!

(二)酒会上的黄色性格女生和蓝色性格男生

在一个酒会上,我们发现黄色性格的女孩子会把自己打扮得美艳动人,像可爱的蝴蝶一样,拿着杯子满场飞,问好、碰杯,到处打招呼,但是这些跟她撞杯子的人都不吸引她,谁最吸引她?角落里那个安静男生。

她想:他怎么可以坐在角落里?他怎么可以那么安静?他在想

什么呢？好有魅力哦！其实我也特别想让自己安静一些，可是说实在话，如果我这个黄色性格的女孩子一安静，别说我自己了，周围人都会觉得我不正常了。

黄色性格的女生就是这样，她会很倾慕蓝色性格的深沉男生，这样的人能给她带来一种神秘感。他总在想事情，想什么呢？黄色性格的女孩不理解，可她就觉得这样的男生有魅力！于是，大胆的黄色性格女生就会端着杯子走向那个男生。要知道性格外向的人是主动型的，虽然她是女孩子，但也会主动地走过去说："你好！我们认识一下好吗？"两只酒杯就碰在了一起。这一碰，很可能就碰出了火花，碰出了故事。

其实，蓝色性格的男生也在注意这个黄色性格的小女生，他想：她好可爱啊！她怎么可以这样大胆，这样自信，她怎么可以这么自如地表现自己？我也很想这样，但又有些胆怯。我很欣赏她。你瞧，两个人都存在吸引对方的元素，自然就能走到一起。

生活，有时需要我们外向，有时需要我们内向。该外向的时候，以我为主来面对！该内向的时候，以你为主来面对！恋爱时二人的关系更多是合作式的关系，性格互补更方便去应对不同的生活内容。

那是不是说双方性格互补就一定幸福、就一定找对了呢？当然不能轻易下结论。红和绿互补、黄和蓝互补，由于是互补，恰恰说明他们太不一样，你强的地方是我弱的地方，我强的地方是你弱的地方。由于太不一样，理解起来就比较困难。比如黄色性格的人在困难面前积极思维会多一些，而蓝色性格的人的思维里忧患意识更多一些。他们各自有各自的道理，蓝色性格的人会认为对方太浮浅和轻率，黄色性格的人会认为对方太悲观与消极。面对诸如此类的问题该如何向良性的方向发展呢？好的婚姻需要经营，就性格而言，谁跟谁的结合都会出现问题，智慧地解决问题才是硬道理。

四、与性格相似或相同的人结合会怎样

（一）黄色与红色结合、蓝色与绿色结合有什么好处

　　黄色性格和红色性格都属于外向性格，蓝色性格和绿色性格都属于内向性格，外向性格的人和外向性格的人结合，内向性格的人和内向性格的人结合，会怎么样呢？有一个最大的优势，就是他们做事的风格、行为模式会有很多相似之处，所以很容易理解对方，心与心之间的距离很近。比如，内向性格的你话少，不愿意也不善于直接表达自己；但对方也是内向性格，他更容易理解你的这种表现形式，同时跟外向性格相比，他更容易猜到你在想什么、你是怎么想的、你在乎什么、你在顾忌什么……

（二）性格完全相同的人结合会怎样

　　我们先来举个例子。无意中，你看到一个人，这个人你从来没见过，更没有打过交道，但就是不怎么顺眼，怎么会这样呢？这是因为两个人有相斥性。那么从性格的角度看，谁会与谁相斥，谁与谁又最相斥呢？

1. 谁与谁相斥

　　有吸引就有相斥，那么，谁与谁相斥呢？红与蓝？红与黄？绿

与黄？都不是。其实相斥的是红与红、蓝与蓝、绿与绿、黄与黄。对！就是同色性格相斥。这是我们不容易想到的，为什么会这样？道理很简单，比如，如果我是红色性格的人，我要说了算，我要指引方向，而旁边又来了一位说：我也要说了算，我也要指引方向，这样的两个人能不相斥吗？再比如，我是绿色性格的人，柔柔慢慢的，而旁边又来了一位也是柔柔慢慢的，要做决定了，两个绿色性格的人都不善于快速决断，他们之间很难有被需要的感觉，很难在对方那里获得成就感，这可能就是同色性格相斥的原因了。

以我个人多年的经验来看，夫妻中占比例最大的还是内向与外向的结合，其次是红色与黄色的互为结合，蓝色和绿色的互为结合。夫妻中确实也有同色性格结合的，只是相对较少。

2. 没必要完全绝对化

有没有同样性格的人结合，又很幸福的呢？当然有！有一次我在北京电视台做嘉宾主持，有一个应邀的家庭中，爸爸妈妈和儿子全是黄色性格，他们家三口人一上场就热闹得不得了。休息的时候我跟他们聊天，发现他们言谈举止之间都是满满的幸福。

有人问了，前面既然说同色性格是相斥的，他们三个人怎么生活得这么好呢？我也带着好奇心去了解，至少有这样三个原因。其一是夫妻的年龄差距比较大，男方比女方大 18 岁，这样的年龄差距，男方可能会有更多的谦让与呵护的心理，女方会有更多的信赖与仰仗的心理；其二是环境已经影响了他们的本然性格，他们都不是单纯的黄色性格了；其三是他们了解各种性格的缘由，更加知道该在什么地方迎合对方，所以他们很幸福、很满足。

第十章
性格与夫妻关系

家，是最安全的港湾，是卸下外包装的地方，于是在家里的表现更多的是性格使然。家庭中夫妻之间的恩爱更多的是对对方性格的欣赏与依赖。但夫妻之间的矛盾也更多来自性格的冲突、不理解与误会，以致很多夫妻在分手时，问及原因都会说是性格不合！恋爱的时候只谈爱情，优点被无限扩大，结婚后总要做回最原本的自己，缺点也会随着日常生活慢慢地暴露无遗。如何看待所谓的缺点？为婚姻保鲜能做些什么？在处理矛盾时，肯定要关照到一个重要因素，那就是双方的性格特点。

有一个红色性格的妻子，大学毕业后到图书馆工作。图书馆的工作年复一年、日复一日，日子就像复印机复印的一样。对于一个红色性格的人来说，她心中的一团火没地方烧，于是就开始转移方向，试图去塑造、雕刻她那个绿色性格的丈夫。

她的丈夫是大学老师。本来这项工作很适合他的性格特点，每天写文章、看书、备课、站讲台，按部就班，踏实舒服。可是突然有一天他发现妻子对他的要求越来越高了，天天在他耳边吹风：你要上进，得有事业心，咱们这样过日子不行啊，一潭死水，要想办法多接触校外的事，你这教授光搞上层建筑不行，咱们的经济基础还得改变……这位绿色性格的老公心想：这日子多好，没什么不对啊。他怎么也不明白老婆为什么总是爱折腾。因为妻子上班比较远，家里带孩子、买菜、做饭、家务活都是老公来干，他简直成了学院里有名的全能冠军。可妻子还是不满意，要他更加全能，还要在事业上更上一层楼。其实这个时候，妻子已经在不知不觉中犯了一个错误，她在用自己的性格去要求对方，衡量对方，评价对方。

就这样，他们不能理解对方，谁也说服不了谁，也不知道该如何去说服对方。若干年以后，这两个人都已经筋疲力尽。红色性格的妻子发现丈夫是朽木不可雕也。是啊，要把这个绿色性格的大学老师雕刻成企业老板那样的人物确实太难了。绿色性格的丈夫也觉得：我已经快累趴下了，家里的琐事让我来应付，身体上累点没有关系，可为什么让我心理上也这么累呢？最重要的是，绿色性格的丈夫有一种被看不起、无能的感觉。这就触及了一个男人的底线、一个做丈夫的底线。无奈，最后两个人还是离婚了。

原本很好的一对，完全可以和和睦睦的，就这样分开了。生活中，很多夫妻离婚的理由都说是性格不合。真的是性格不合这个原因吗？其实上面的这对夫妻性格太合了。红色性格配绿色性格，多好啊！真正的原因是他们都不知道该怎样去关照对方的性格，而只知道关照自己。

那么，不同性格的爱人该如何相处呢？接下来让我们从性格的角度分析一二。

一、如何与红色性格的爱人相处

我们还是用上面的例子来分析一下该如何对待红色性格的爱人。

（一）别让红色性格的人闲着

红色性格的妻子在图书馆工作，对她来说最主要的问题就是太平淡了。怎么办呢？工作可以调动，也可以主动适应，其实适应的过程也恰恰是改善性格的过程；或者可以让她发展一下业余爱好，在工作以外发挥她的长处，发挥她的激情；还可以让她寻找第二职业，无论如何要让她明白不能让一个绿色性格的丈夫去完成她自己的理想，这样的解决方向有点儿舍近求远。我们对爱人要做的事情就是允许和支持他去做自己，使他性格优势的价值最大化。要想过属于自己的人生，这可是一个很重要的考量标准。

（二）要告诉红色性格的人失败是很正常的

红色性格的妻子不允许自己的事业平平淡淡，在她看来这就是失败，同时她也见不得丈夫的事业平平淡淡。生活中有成功就一定有失败，成功是很自然的，努力了就可能会成功，但失败也很自然，不可能所有的事都成功，这是再简单不过的道理。但是红色性格的人经常认为平淡就是一种失败，失败是不正常的，为什么要失败？为什么不竭尽全力战胜失败？这需要绿色性格的丈夫来帮助她。但很可能红色性格的妻子在家里强硬惯了，根本不给丈夫帮助她的机会，这也是他们婚姻悲剧产生的原因之一。

（三）不要直接跟红色性格的人对抗

通常红色性格的人是很倔强的，这个妻子可能也是个急性子，脾气又大。当她发脾气时，就别跟她吵，如果你跟她直接对抗，两个人就一定要吵架，如果跟一个红色性格的人吵架，通常是吵不过她的，更何况这个丈夫还是绿色性格的，能吵得过吗？基本没戏！如果用沉默来对付红色性格的妻子，她会更生气。

一般来说，红色性格的人生气就是一阵风，等这阵风过去了，再跟她交流，就会事半功倍；如果交流两句，她又开始高嗓门了，你就继续等待，不要跟她直接对抗，等到她平息了再来交流，这样效果会比较好。人在生气的时候，情绪的力量占了上风，理性的力量变弱了,这时是很难说通道理的。切记,不要跟红色性格的人直接对抗。

(四)要帮助红色性格的妻子放慢节奏

红色性格的人节奏快,还没深思熟虑又在急于求成。做丈夫的就要经常提醒她:"老婆,我们想一想再做决定好吗?""我们讨论讨论再说,好不好?""先别急着下结论,好不好?"

实际上,绿色性格的丈夫是最娇惯妻子的人,老婆、孩子他都娇惯,对家人的宽容度也是最大的。但通常绿色性格的人嘴巴比较笨,如果他的沟通效果再理想一些,他们俩的关系也许会好很多,也不至于离婚。最可怕的是,如果不改善自己,当第二次走入婚姻时,悲剧依然会毫不客气地重新上演。这也是很多人第二次婚姻不幸福的重要原因之一。

（五）一定要跟红色性格的爱人讲清边界问题

夫妻之间应该有边界，不管什么性格。但通常最初谈恋爱的时候，他们会认为，你的就是我的，我的就是你的；我的所思所想你都要知道，你的所思所想我也要都知道。他们无意间在要求对方跟自己完全重叠，比如，不允许对方有隐私，手机上的内容完全公开，否则就会有各种猜疑和不满……这是婚姻中致命的隐患。所谓的边界就是各自有自己独立的空间，尤其是心理空间，你要进来需要先敲敲门，我允许你才能进来，不能横冲直撞。夫妻二人就好比是两个圆，两个圆可以有重叠的部分，但不能完全重叠。两个人成长经历不同、教育程度不同、思维方式不同、性格不同，如果一味地要求重叠，二人之间就没有了边界，这本身也是不可能完全做到的，主要是思考问题的方向不能朝向这里。如果家里有红色性格的爱人，就更得讲究边界问题。在家里，哪些事是归我管的，以我的决定为主，哪些是你的势力范围，以你的决定为主。要相互尊重对方的心理权限，要不然红色性格的她一定会毫不客气地侵入你的领域，矛盾就会产生。

还记得电视剧《中国式离婚》吗？蒋雯丽扮演的那个女主角就是红色性格。红色性格的女人千万不可以当家庭主妇（全职太太），她们很不适合。为什么呢？本来工作挺好，两个人关系也挺好，后来她的爱人当了医院的副院长，妻子说："从今天起我辞职不干了，完全在家相夫教子，好好地支持你。"结果怎么样，今天怀疑老公跟哪个女的关系不正常了，明天又感觉老公对自己的态度不对劲了，后天又跟踪，甚至闹到单位去。这样一直闹来闹去，到分手的时候才发现，爱情就像一捧沙子，握得太紧，沙子反而渐渐地从指头缝里漏出去了。

二、如何与绿色性格的爱人相处

前面谈到了如何与红色性格的爱人相处，下面就来说说如何与绿色性格的丈夫相处。我们还用上面的例子来说明。红色性格的妻子在图书馆工作，绿色性格的老公在大学教书。妻子自己的工作不如意，就想改变老公，想让他像企业家一样成功，最终谁也没改变得了谁，痛苦地分手了。很多做妻子的都要求男人们在事业上成功，这再正常不过了。可是恰恰丈夫是个绿色性格的人，他对事业成功有他的标准，这个标准和妻子的标准完全不同。他认为在大学把书教好，只要不出差错，学生们喜欢，领导没意见，有很高的社会地位，收入也不低，还能腾出时间关照家庭，这就是一种成功。

婚姻关系里，最容易犯的一个错就是一定要把自己认为最好的东西给到对方，哪怕强加！妻子觉得自己是因为爱他才这么做的，是爱这个家才这么做的。问题是，这里面有多少成分是爱你自己？你给的东西是他想要的吗？如果你不顾及他的感受、不顾及他的性格，继续强行地给予，时间长了，必然会出问题。那么，面对绿色性格的爱人，该如何相处呢？

（一）千万不要对绿色性格的爱人说：太慢、太磨蹭

"磨蹭"是个负面的词，请把它从夫妻的字典里永远铲除掉吧。这首先是对红色性格的爱人说的，因为红色性格的女人做了妻子，对于绿色性格的丈夫那慢条斯理的样子真是又爱又急。高兴的时候不说人家磨蹭，不高兴的时候，或者在赶时间的时候就会不断地催他。

我们经常说"要关照对方，要关心对方，要理解对方"，理解什么呢？很重要的就是要理解他的性格。原来他这样做是他的性格使然，这个部分需要得到尊重与关照。他用这样的速度做事，在他看来是正常的，是不耽误事的，他认为按部就班地做好每个步骤就是最快的速度，如果按照红色性格的速度就太快了，反而要承担粗枝大叶带来的后果。用红色性格的要求去衡量绿色性格的丈夫，肯定要出矛盾。其实根本不用担心他的速度问题，虽说是慢性子，但他什么都没耽误啊，你上班总是提前到达，人家上班也从未迟到过；你能取得成就，人家也能取得成就。

（二）不要对绿色性格的爱人大喊大叫

面对大喊大叫的你，绿色性格的人不会跟你吵，他会选择不出声，随你怎么吵。红色性格的人要赶快打住，停止对丈夫的大喊大叫就好了。但是红色性格的妻子会说："我宁愿他跟我对着吵，就怕他不出声。"这时，绿色性格的丈夫就会想："做人真难啊，我不出声还不行，你到底讲不讲理啊？"

绿色性格的人就是这样，他的牛脾气犯起来后，可以一星期不跟这个红色性格的爱人说话。红色性格的妻子简直要气疯了："有本事跟我吵两句啊，打也行，你别不理我啊！"绿色性格的丈夫依然保持那平静的表情，好像在说："对不起，我就是不理你。"这一招儿倒是对了，这叫和平解决法。如果用吵架来解决会有危险：第一，绿色性格的人不会吵，吵起来肯定吃亏；第二，真要争出个输赢来就不好了，夫妻之间很忌讳谁赢谁输，大家都该让一步。最好的方法是让气消一消，等没有火药味的时候再来沟通。

（三）面对绿色性格的丈夫，一定要经常吹耳边风

没有固定话题，没有固定时间，尤其不要一本正经地谈话，问题要具体，让他用几句话就能完成。也就是说，不要设计一些需要大篇幅说明才能完成的问题；可以向他请教一些事，千万不要用命令式的语言。总之，就是要让绿色性格的丈夫说话，说什么都行。其实这就是一种沟通，就是一种语言训练。如果妻子能用撒娇的方式来进行就更棒了。学习做很柔、很美的女人，这是女人的一门必修课。但四种性格中，红色性格的妻子做起来更难一些。对于红色性

格的妻子来说,这样做确实是一种挑战。女人可以很柔很美地去影响丈夫,或者说你可以很温柔地坚持你的原则,这时绿色性格的丈夫比较容易接受。

(四)不要强求绿色性格的爱人跟你的节奏一样快

有时候,人会在不知不觉中以自己的节奏要求对方,要求的人觉得自己有道理,被要求的人面临着要改变自己、但本性难移的局面。有些东西是很难改变的,很多人不懂得这一点,结婚前就下定决心:将来我好好改造改造他。这样做是不对的,每个人的性格与生俱来,可以改善,但如果强行改造很可能带给对方不被认可的消极感受。

快节奏有快节奏的生活方式,慢节奏有慢节奏的生活方式,它们都有自己存在的理由,作为爱人,我们需要更多地理解和接纳,尽量让他做自己。一个人做自己的时候是最舒服的,爱一个人就要想着如何让他更舒服,而不是要对方更多地服从你,可大部分人在婚前可以做到尽量为对方着想,愿意下大力气接纳对方,婚后就逐渐变了。对于红色性格的妻子来说,不要强求绿色性格的丈夫跟你步调一致。人家天生就是慢性子,要相信他可以用他的节奏完成他的使命。

(五)家里的事情尽量让他做主

红色性格的人可以稍微往后退半步,这样,当你不在家的时候,绿色性格的丈夫可以自己做决定,而不至于太依赖你。夫妻在一起生活的过程也是共同成长的过程,成长的前提是接纳对方原有的性格,同时理解对方为什么这样做,是性格使然?还是惰性使然?

如果爱人有改善的愿望是最好的，但别忘了给他鼓励和支持，两个人努力的结果是使双方的性格更和谐，但没必要追求完全相同，这也是不可能做到的。如果婚姻的过程是享受的过程，又是成长的过程，这就是很好的婚姻了。

三、如何与黄色性格的爱人相处

如何与黄色性格的爱人相处呢？先来看个故事。

> 有一对小夫妻，妻子是黄色性格，丈夫是蓝色性格。黄色性格的妻子特别可爱，能说能跳，是家里的开心果。有一天睡觉的时候，黄色性格的妻子说："亲爱的，你瘦了很多，太辛苦了，从明天开始，我绝对不允许你空着肚子去上班！我都已经准备好了，每天开始为你准备营养早餐，要有鸡蛋有牛奶！"承诺得一清二楚，丈夫这一晚上睡得又甜又香！
>
> 第二天早晨闹钟一响，妻子百米冲刺般地穿上衣服，拎起包冲出了家门。丈夫还以为她冲进了厨房呢，半天没听到声响，才发现原来人家是上班走了。蓝色性格的丈夫就想：今天大概是时间晚了，原谅她一次吧。
>
> 第二天晚上，丈夫又在美美地等待那可爱的早餐。其实，早餐是次要的，妻子心里有他这才是最重要的。没想到，第二天早晨起来，妻子又像旋风一般地冲出了家门，又没有进厨房！完全把早餐这回事忘在了脑后。她是故意的吗？这能表明她心里没有丈夫吗？问题还没有答案，可是那位蓝色性

格的丈夫已经生气了：昨天你忘了，今天你又忘了！好！我等着，看你什么时候能想起来！

　　一个星期过去了，还是没有任何动静，到了第十天，两个人因为另外一件事情吵起来了，而早餐就成了导火线。蓝色性格的丈夫翻了一堆旧账（蓝色性格的人有一个特点——爱翻旧账，说今天的事情时可能会把几十年前的事都给翻出来）："你说给我的早餐在哪里？你就是心里没有我！你看看咱们家乱的，这像是个有女人的家吗？你现在能马上告诉我咱们家的剪刀放在哪？指甲剪放在哪吗？"每次吵架，蓝色性格的丈夫都会说类似的话，结果本来一对很好的夫妻，就因为这些琐碎的事，每天都争吵。

　　这样的爱人该怎样对待？先来看看与黄色性格的妻子应该怎样相处。

（一）黄色性格的妻子需要哄

首先你得哄着她,越哄着她就越乖,越勤快。当然女人都比较"吃哄",这跟性别有关系,也跟性格有关系。就性格而言,黄色性格的妻子是最"吃哄"的。

就拿上面的案例来说,遇到黄色性格的妻子,第二天睡觉的时候,丈夫就可以说:"哎呀,我老婆真好,还想着给我准备早餐来着,是吧?"黄色性格的妻子就会立刻回答:"真是的!老公,幸亏你提醒我,我都忘了。不行,我现在就要爬起来把它准备好,省得明天早上时间来不及!"她会立刻改正。夫妻相处中就是这样,如果话说对了,一瞬间就能使爱人改变。

可是,这个蓝色性格的丈夫却没有这样做。其实只是提醒一句,很简单的事,为什么做不到呢?一来是蓝色性格的丈夫不懂得迎合黄色性格的妻子,二来蓝色性格的丈夫会说:我以为她的忘记是暂时的,会想起来的。很多蓝色性格的人都以为对方会理解他,对方是明白的。他可以用默默的忍受来对待这件事,但不等于他会忘记,一段时间后,甚至若干年后,他都有可能再提及,这是蓝色性格的爱人需要注意的地方。在了解了黄色性格的妻子后,蓝色性格的丈夫别忘了哄哄她,你会发现妻子的表现会特别好。

（二）要经常检查黄色性格的妻子的做事进度

黄色性格的妻子做事粗心,比如,火上炖着菜呢,她会回屋溜达一趟,或者去干其他事情了,等到全家人都闻到煳的味道了,她才想起来火上还炖着菜呢。所以，对于黄色性格的妻子，丈夫一定要记着提醒："老婆，别忘了火上的菜啊！"也就是一句话的事情。黄色性格的妻子还会把衣服往洗衣机里一放就不管了，看电视、打麻将、收拾家务，三天以后才发现洗衣机里的衣服还没拿出来晾呢。所以，黄色性格的妻子做事情需要你经常不断地去督促、去检查，不用说太多，扔下一句话就行了："老婆，洗衣机！"她立刻就会想起来了。别担心她会不高兴，反而她会很高兴你提醒她，因为她知道自己忘性大，很不好意思自己又忘了，所以你能够提醒她一下，她会更爱你。可是，很多丈夫不懂得这一点，对妻子的粗心大意总是头疼得要命，偶尔提醒几次还行，日子久了就没有耐心了，不是抱怨就是横加指责。请理解她的性格特点，她不是故意的。

（三）在整齐划一这个问题上，对黄色性格的妻子不要要求太高

我在做培训时经常说："所有的女士请把包拿出来。"我一看包就大概能够知道谁是黄色性格的人。黄色性格的人的包很有意思，首先是大，色彩亮丽，然后我说："我可以看看里面的东西吗？"通常她们都是很大方的，会爽快答应。打开一看我乐了，怎么样呢？一个字：乱！两个字：历史（包里装着历史）！比如，餐巾纸用完了，装餐巾纸的空塑料袋还留在包里，而且不止一个；还有猴年马月的发票也在里面扔着。

甚至还有更有趣的呢。

我拿出一样东西来，这个女士说："天呐，这个东西是什么时候

放进去的？"我又拿出一样东西，她又惊奇地叫道："我包里怎么还有这个东西？"我相信如果去参观她家里的抽屉和大衣柜，也会让人乐翻了天。

这就是黄色性格的人。所以在整齐划一这个问题上，不要对她要求太严格，差不多就行了。在这个问题上，她能做到80分就要当100分来对待了。可是蓝色性格的丈夫恰恰是最规矩、最规整的，他受不了这份乱。如果真受不了也没关系，抽屉不是有两个吗，你们一人一个，大衣柜划分出区域来，各用各的。一边帮助她成长，一边也别太让自己受委屈，不就解决了！

（四）跟她一起梦想

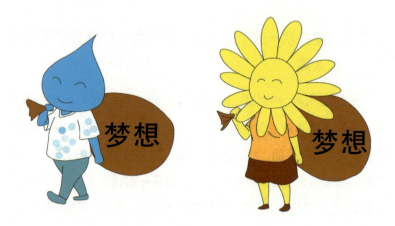

黄色性格的人是最崇尚浪漫的，想象力极其丰富，甚至充满了幻想。她什么事都敢想，什么事都敢说，做不到的事情，想想也可以很开心。跟老公聊天时她会说："老公，要是……的话，明年我们就可以买车了！你说我们买什么车好呢？老公，我们好长时间没出去玩了，这次五一放假咱们洛杉矶游一游如何啊？"其实能不能买或者能不能去都不那么重要，她也只是说说，过过嘴瘾而已。

可是，蓝色性格的丈夫经常不给她梦想的机会，说："你就异想天开吧，你向来就是信口开河，一点都不务实。"经常以批判的口吻去说她。其实，妻子并不是非要得到那些东西，也就是梦想一下，为什么连做梦的权利都不给她？干吗不迎合一下呢？又不是原则性问题。

四、如何与蓝色性格的爱人相处

蓝色性格的丈夫怎么相处呢？我们还以上面这个例子来说明。妻子忘记做早餐了，蓝色性格的丈夫不高兴，还"记仇"，这该如何是好呢？

（一）帮助蓝色性格的丈夫选择适中的"完美"

每个人对整齐的要求和认知是不同的。比如有的蓝色性格的人，见不得地上有一根头发；什么东西从哪里拿，用完之后一定要放回原处；要求家里的各个台面都一尘不染；或者说，蓝色性格的人在家里的规矩很多、规则很多。如果在家里，蓝色性格的爱人稍宽松一些，黄色性格的爱人稍整齐一些，家里稍微有点乱，只要大家都可以接受就行了，蓝色性格的丈夫要求不要太严格，黄色性格的妻子不要过于散漫，都向中间靠拢一点点，有这种靠拢的意识就很可贵，不要用自己的标准去衡量对方。

在生活中，我们发现婚姻的过程也是两人性格磨合的过程，那些懂得爱惜婚姻生活的夫妻，若干年后，互相学习和接纳了很多对方的性格品质，同时也包括对方的习惯、意识、观念、价值观等。也有很多夫妻，结婚后就开始吵，谁也不让谁，都认为自己是有理的，他们在跟道理说话：你应该这样做才对！难道我说的不对吗？明明知道我不喜欢你这样，咋就改不了呢？可是我们的行为只会服从我们的习惯、性格等，很多时候，大道理都是正确的废话。但蓝色性格的爱人是最容易要求苛刻的，苛求过多就会变成挑剔。所以，请蓝色性格的爱人稍加宽容些吧，这样自己轻松，爱人也不累。同时，如果黄色性格的妻子发现蓝色性格的丈夫表现得比较宽容时，就要及时肯定与感谢。

（二）高嗓门会让蓝色性格的人关闭心扉

蓝色性格的爱人是内向性格，他要是急了就会不理你，甚至关起心门。对于黄色性格的妻子来说，这会让她更着急，因为她是不善于猜人家心思的，对方采取置之不理的态度，她就没了方向。而蓝色性格的丈夫会把妻子的不是默默地记在心里，自己在情绪中翻江倒海。双方这样解决问题对家庭是有破坏性的。

黄色性格的妻子是急性子，生气的时候很容易提高嗓门。这时一定要克制自己，可以让自己深呼吸几下，或者为了不发火，可以采取暂时离开的方式，平静下来了再来谈会好很多，因为两人都在理性的状态下才会比较容易沟通。急功近利不仅表现在职场里，家里也存在这种问题。家里出了问题，我们都恨不得快刀斩乱麻地立刻解决掉。因此，你会发现现在的人们火气越来越大了，一点就着，谁都没有耐心听对方解释。其实，太多的事情就是要慢慢来才能得到最佳效果。黄色性格的妻子把自己的声调降下来，节奏自然就会慢下来，这更有利于培养自己的沉稳，蓝色性格的爱人也会更容易接受。

（三）黄色性格的人要记住自己的承诺，尤其是细节部分

根据我的经验，记忆力最好的是蓝色性格的人，他会永远记得你的承诺，而且连细节都记得清清楚楚，你不能不兑现。"我要为你做早餐，有鸡蛋、有牛奶……"这句话几十年后他还会记得！这就是蓝色性格人的特点。而黄色性格的妻子恰恰是不太注意细节的，如果她说："老公，你放心吧，我会对你好！"蓝色性格的爱人听起来就不过瘾，甚至会认为你在敷衍他，一定要有细节。他喜欢听"有牛奶、有鸡蛋的早餐"这样具体的承诺，这很符合蓝色性格的丈夫的口味。

如果承诺了就一定要完成，不完成，蓝色性格的爱人会很恼火。为什么呢？因为蓝色性格的人自己是不轻易向别人承诺什么的，一旦承诺了，他会力争完成，记得清清楚楚，除非有什么客观原因让他无法实现承诺，但他一定不会随便忘记；自己是这样的，他也会这样来要求黄色性格的妻子，对妻子的随便承诺、粗心大意就会很不理解。所以，黄色性格的妻子还是不要轻易承诺，如果承诺了，就尽量记住它，实现它，哪怕只做了几次而不能持之以恒，但千万不要忘记。

（四）和蓝色性格的爱人在一起，要学会察言观色

内向性格的人有什么不太愉快的事，是不愿意表达出来的，所以需要你学会察言观色，不然很难知道他的情绪。蓝色性格的人管住自己嘴巴的本事比黄色性格的人高多了。有意见时，他更倾向于

沉默。把他惹急了,他会把你的旧账新账拿出来一起算。选择了不表达,他能容忍很长时间。黄色性格的妻子一方面很欣赏他的沉着稳重,另一方面又很难理解他,更不擅长去迎合他。

其实,蓝色性格的丈夫好几天没有吃到你承诺的早餐,他一定是不愉快的,既然不愉快就一定会有所表现的,跟他在一起就要善于察言观色,发现他哪里不对劲,然后"对症下药"。而对于蓝色性格的丈夫来说,也完全可以再主动一些,要理解黄色性格妻子的性格就是这样的,她并不是故意的,不要把她的行为跟"不负责任""不关心我""不体贴人""不爱我"联系在一起,也不要动不动上纲上线,很多时候误会就是这样产生的,怨恨就是这样积累的。事实是黄色性格的妻子的行为模式跟你有所不同,是性格使然,不是她不爱你。如果你理解了,就不会跟她计较了,或者你坚持在第三天晚上继续善意地提醒她早餐的事,或者聊天的时候表达出没有吃到爱心早餐的遗憾,黄色性格的妻子会搂着你的脖子说抱歉的。

(五)要经常问蓝色性格的爱人"你在想什么"

对于蓝色性格的丈夫,一定要经常问对方在想什么。因为蓝色性格的人擅长想而不擅长说,所以你要经常问。如果黄色性格的妻子经常问:"老公你在想什么呢?"说不定他就会告诉你:"我在想我的早餐!"听到这句话,妻子立刻会想到说过要给老公做早餐的事,说不定第二天早上老公就能吃到可口的早餐了。如果生气了一个礼拜都不说出口,等到吵架时才来翻旧账,反而会让妻子很尴尬,从而加剧夫妻之间的矛盾。蓝色性格的人是想得多、说得少,即便是跟自己的妻子在一起,他也是会这样,这就是他的性格。所有的话都让黄色性格的妻子说了，丈夫总是做听众，久而久之，他会更不愿意交流。而生活中，恰恰是黄色性格的妻子喋喋不休，只顾自己说，而忽略了丈夫的倾诉，或者给丈夫倾诉的时间太少，丈夫的很多想法妻子都不知道，于是你会听到很多黄色性格的妻子对蓝色性格的丈夫说："跟你在一起几十年了，我怎么还是猜不透你呢？"所以，黄色性格的妻子要有意识地让自己做听众，挖掘一下丈夫的内心世界，这样两个人的距离才会拉得更近。

夫妻之间想相处好一定是有方法的。其实，有些方法很简单，如果掌握了，就能轻松地处理好夫妻关系；反之，则可能因小事情而结成大恩怨。有一天两人都承受不了了，就只能不欢而散。如果在不了解问题的根源的前提下又走进第二次婚姻，那第二次婚姻也很难幸福。当然，能否与爱人相处得好是由很多因素决定的，性格是其中之一，但一定不能忽视其重要性。如果了解各自的性格特点，夫妻间的幸福指数会增加许多。

第十一章
性格与心理健康

人们常说身体健康是首位的，但在我看来，心理健康应该放在首位，因为如果一个人只是身体健康而心理不健康的话，会做出很多常人难以理解的事情。但如果一个人心理是健康的、积极向上的、阳光灿烂的，那么即便身体有残疾也能活出光彩来！

那么性格和心理健康有什么关系呢？生活中，有压力就一定会有情绪。不同性格的人的情绪表达是不同的。了解和理解各自的情绪特点，允许他有着和自己不一样的情绪特点，允许就是接纳，一旦你采取接纳的态度，对方会在这被理解的态度里感受到安全，会自行消火。另外，接纳就是主动地给对方一个空间，帮助他消火，比如专注倾听，不断地点头。一个人身边有这样理解自己的人，一般不会显现出破坏性情绪，比如砸东西、动手打孩子……

我们先来了解一下情绪。情绪分两大类：一类是积极向上的情绪，比如快乐、兴奋、激动、兴高采烈等；一类是负面消极的情绪，比如害怕、伤心、悲痛、恐惧、焦虑、不安、自责等。在这里，负面的情绪未必不好，也内含积极的意义和转化的可能。本章讲的主要是负面情绪。那么，如何看待这一类情绪呢？

首先，情绪有一个外倾的趋势，它是一定要往外出的。如果条件允许就让它释放出来。如果内心积压了太多情绪，而又不能及时释放，终于有一天无法忍受压抑的痛苦了，可能就会崩溃。很多患上心理疾病或者自杀的人都跟长期压抑自己的情绪有关，如果他在平时就能善待情绪，经常给情绪一个良性的出口，也许就不至于这样了。

其次，保持一定量的情绪是有好处的。比如害怕，如果过分害怕，就会变成恐惧，可能会停滞不前，甚至退缩，被恐惧压到不能动弹，那是很糟糕的。但是懂得和保持一般性的害怕，会让我们对安全保持警觉。由于懂得害怕，过马路才会看红绿灯；由于懂得害怕，下楼梯才会注意速度和看准了台阶的高度；由于懂得害怕，才会认真准备第二天的发言稿……所以说，当情绪保持在一定量的时候，它能促使我们成长，能促使我们警醒，这是很有意义的。

再次，情绪是有记忆的。很多人有一种误解，以为此时有了情绪，不用理它，过去就好了。其实，不被理会的情绪，随着时间的推移看似没有了，其实还留存在记忆的深处，遇到导火线还会一触即发，所以要善待情绪，并对情绪做积极的处理。

一、外向性格的情绪特点

（一）红色性格的人的情绪特点

红色性格的人一旦有了情绪，如何表达呢？通常他们脾气大，发脾气的频率比别人高。他们一瞪眼，周围亲近的人就不敢惹他们了，或敬而远之，或绕道而行。他们不好通融，一旦惹火了他们，发起脾气来的样子是天崩地裂、不计后果的，更不会顾及对方的感受，所以也会因此而得罪人。

从师徒四人中可以看到，谁的脾气最大，谁不好惹？那就是孙悟空了。他发起火来势不可挡，恨不得横扫一切。生活中的人没有他这么厉害，但心理倾向是相似的。

（二）黄色性格的人的情绪特点

黄色性格的人活泼开朗，他们不擅长隐藏情绪，内心有情绪当时就会表达出来，也不会掩盖，是内外一致的。黄色性格的人经常被人说没有城府。他们的情绪是随有随发，好不好呢？有好的一面，也有不好的一面。好的一面是,他们有情绪了,会让情绪发泄出来,不压抑自己,同时,黄色性格的人一般都比较喜欢说话,会把自己的苦闷找人诉说,这能起到调节情绪的作用,所以这个性格开朗没心没肺的人倒是很少得抑郁症、强迫症之类的心理疾病。不好的一面是,他们控制自己情绪的水平不高,有时会不顾及场合,而只顾及自己情绪的发泄。所以,我们会看到猪八戒牢骚满腹的时候就是这样。

总之,红色和黄色这样外向性格的人,他们的情绪特点是不愿意掩盖自己的情绪,也不善于掩盖自己的情绪,其实这正好是对情绪的一种调节,对心理健康而言是一件非常好的事情。如果人有了情绪都闷在心里,不让它释放出来,反而会对心理健康带来威胁。

二、内向性格的情绪特点

（一）蓝色性格的人的情绪特点

蓝色性格的人总的来说是偏内向的，他们能根据需要来决定是否把情绪藏起来，如果环境很安全，他们的情绪发泄是很充分的，比如他们会用挑剔、抱怨等方法来释放自己的情绪，这种时候说出的话语未必嗓门高，但很尖刻与辛辣。如果场合不对，他们会压抑情绪，使它不那么明显地表现出来。通常我们认为不把他们惹急了，他们是不会爆发的，因为性格特点决定了他们是比较含蓄的，不会直截了当地抛出情绪。一些隐藏很深的情绪，他们是不会轻易外露的。唐僧最牛气的一次应该是把孙悟空赶回花果山的那次了，但当时的情绪表达也是平平的，我们只是知道他生气了，这跟他的职业修养有关，面对这么大的事情，要是放在生活中，蓝色性格的人的表达可不会这么平淡。

（二）绿色性格的人的情绪特点

绿色性格的人的情绪像暖水瓶似的，里面是滚烫的开水，外表还是冷冷的、淡淡的。心里都翻江倒海、热血沸腾了，但是别人很难看出来。如果绿色性格的人特别生气、特别沮丧了，也会火山爆发，但次数很少。他会把情绪轻轻地搁置在那里。解决没有呢？没有解决。若干年以后积攒得太多了，密度太大了，又有了导火线，就会像岩浆一样喷发出来。师徒四人中，情绪起伏不大、最稳定的是沙和尚了。除了跟妖怪决斗时，我们没有看到过他大发雷霆，只是会有些小幅度的起伏而已。生活中的绿色性格的人发脾气的概率很低，他真的是这个世界上脾气最好的那一拨。

总的来说，内向的人都不善于跟人分享他们的内心世界，都有几分腼腆和内敛。他们更擅长通过对事物的再解读来自我化解情绪。

三、环境对本然性格的不良影响

出生后我们生活在不同的环境中，想改变环境很难，于是我们从小都在学习如何努力去适应环境，比如从物质层面说，生长在四川从小就会吃辣，这是为了适应那里潮湿的气候……从精神层面说，我们从小就学着要适应父母的脾气，以便获得他们更多的爱……再比如，生命中最重要的人物、刻骨铭心的经历、不同信仰的影响、长期的职业习惯的影响、来自爱人长年累月的影响、性别意识的长期影响、家庭排行的长期影响……这些都会对本然性格有影响。我们先说说不良影响。

下面，我仅从家庭教育这个角度来举例说说后天环境对本然性格的不良影响。这些不良影响会直接影响儿童时期的心理健康，甚至会延续到他们成年以后。

（一）小心谨慎与自卑

一个小男孩是蓝色性格，可他的妈妈正好是黄色性格。大家还记得黄色性格跟猪八戒相似，蓝色性格跟唐僧相似。蓝色性格的小男孩看到远处的游乐区有很多小朋友在玩，他很想去，但他第一次到这样的环境有点害怕，就要妈妈牵着他的手一起去；妈妈让他自己到楼下超市买东西，孩子坚决不肯一个人去；最初写作业也非常希望妈妈能陪写……再大些,独立站在讲台演讲、积极举手发言……这些需要独自去完成的事情,非常挑战蓝色孩子性格中的"小心谨慎",可是妈妈不理解也不接纳。每当这种时候,黄色性格的妈妈都显得没有耐心,数落孩子胆小,说他不像男子汉,还威胁他再不去妈妈就要生气了……流露出嫌弃、不满、排斥,甚至讨厌的神情,蓝色性格的孩子都会从妈妈的表情中一一捕捉到,并会借此给自己这样的评价:我是很糟糕的,我是很笨的,我不能独立完成,妈妈的失望是我导致的……长此以往,蓝色性格的男孩就会真的变得胆小、唯唯诺诺、举步维艰、看不起自己、常常自责、有负罪感,甚至造成了自卑心理,这就危害到心理健康了,而且很可能从童年延续到成年。

(二)黄色性格孩子的表达欲不被认可

她是一个黄色性格的人,可是为什么她说起话来这么紧张?表达也不流畅?她说自己非常害怕这样几个场景,遇到这些场景就会止步不前、非常紧张:给领导汇报工作,哪怕是跟组长汇报都免不了会紧张;害怕开会时站起来发言;害怕独自上台做工作内容介绍;跟客户的交流也总是紧张兮兮的。这么说吧,只要是正式场合的讲话,她都深觉不自在,很想逃避,她认为自己是个有缺陷的人,认为自己是个总会说错话的人,认为自己很蠢、很笨。这样的自我认知对她的心理健康自然会带来消极的影响。那是环境中的什么人、什么事影响了她呢?按理说黄色性格的人喜欢当众表达,那是给她的展现带来美好感觉的时刻。追其原因才发现,她有一个蓝色性格的妈妈。蓝色性格的人对人对己都要求很高。蓝色性格的妈妈对她要求特别严格，童年时期让她最不愿意回忆的就是妈妈说过的这些话：闭嘴，哪儿那么多话！你想好了吗，就说？说出去的话是收不回来的，你知不知道？你这都说了些什么呀，不会说就不要说！祸从口出知不知道？跟你说过多少次了，深思熟虑后再发言！张口就来，不经大脑，这个毛病必须改正！又开始多说了，给我闭嘴！要多想，少说！话这么多，又说不好，会遭人嫌弃的……妈妈这样的话语每一次出现，黄色性格的孩子感受到的都是被打击、被挑剔、嫌弃，甚至被蔑视。在这样不被认可的情况下，日子久了，她的表达欲被逐渐压抑在内心深处。妈妈对她的表达或指责或制止，没有宽容和接纳，妈妈也没有教她更好地表达。

（三）红色性格的男孩被溺爱，用刀捅向室友

一个红色性格的男孩，是独生子，又是大家族他这一代唯一的男孩，有父母的宠爱，爷爷奶奶的宠爱，准确地说是溺爱。本来红色性格的关键词就有：勇敢、坚定、有主见、大气、不服输、充满信心、坚持主张、勇于挑战、果断迅速、大胆发言、慷慨大方……可是，溺爱下长大的孩子就只剩下无法无天了，因为溺爱的表现方式经常是放弃原则。他身边的至亲们最重要的原则就是"只要孩子高兴就随他去"。原则是边界，原则是底线，原则是红灯，失去了原则的约束，一匹野马肆意狂奔，闯祸的频率越来越高，老师告状、同学告状、街坊邻居告状，但红色性格的男孩并没有从大人的处理方式里得到教训，他把勇敢当成了豪横，把大气当成了挥霍，

把不服输用在了打架斗狠之上,随着年龄的增长,他甚至能感觉到家人在爱他的同时有点怕他,既怕他闯祸,不学好,又怕他受一丝丝的委屈而不快乐,还怕他回到家来肆意耍横,给家里带来不安宁。他们已经管不住这匹野马了,红色性格男孩的有力武器已变成了"你们要是……我就……",意思是只要不满足他的要求,他就去闯祸,就去做更大的坏事来吓唬你们、惩罚你们、要挟你们。终于有一天,在学校因为几句话不合,他拿着水果刀捅向了室友……孩子原本是天真无邪的,谁影响了他的心理健康?他又是如何走到今天这个地步的?实在令人扼腕。

四、环境对本然性格的助益良多

上面我们聊了一点家庭教育环境对本然性格的不良影响,其实生活也有很多内容对本然性格有助益,让其优势更加价值最大化,并让劣势部分有存在的空间和转化的可能。如果一个人的本然性格在后天环境中能得到更多的关照,并从儿童时期就帮助他成为最好的自己,那么这样的人心理健康的指数也相对较高。比如,一个4岁绿色性格的女孩,温柔可人,不爱说话。她妈妈是电视台的主持人,发现女儿的表达能力太不像自己了,于是她工作的时候就利用一切可以利用的机会带着女儿,女儿跟着妈妈有了很多机会在录影棚里玩。妈妈在工作时,姥姥带着她在录影棚里随意逛游,跟各位嘉宾说话玩耍。她经常看着妈妈做主持,享受电视台里各路语言高手的熏染,妈妈还会逐渐鼓励她在众人面前说几句话,后来可以表演个小节目,就这样在不知不觉中,绿色性格的害羞、腼腆被弱化了,用她妈妈的话说，就是"现在像是我的女儿了"。这就是环境的助益。

再比如，一个蓝色性格的8岁男孩，他很爱干净与整齐，别人不能乱动他的东西；他的每一样玩具必须放在固定的地方；每天早晨穿衣服，如果有一点点的不舒服就会脱下不穿，大喊着说不舒服，其实就是衣领下的标签没有剪去这样的小事；卫生间用纸看着不顺眼也不行……这些既有他的本然性格使然，也有蓝色妈妈的性格使然。妈妈也是蓝色性格，她也很爱干净整齐，事事求完美。后来她觉察到是自己把孩子关照得太过仔细、太过讲究，才让孩子变得事事挑剔的。从此妈妈对自己、对孩子，甚至对老公的照顾有意识地粗线条一点，节假日一定会让孩子离开自己或去参加各类活动，或去各种孩子成堆的游乐区域，或者去亲戚家；从8岁开始，每年都坚持让他独自参加冬令营、夏令营。不知不觉中，他也可以接受粗线条的环境了，也不那么挑剔了，还学会了关照小朋友，跟大家分享他的礼物、玩具，在人际关系中也更加大胆、主动、热情了！这样后天环境的助益使蓝色性格的孩子没有向不健康的方向发展。

再比如，黄色性格的孩子在语言发展上本来就属于"天生丽质"，父母借助这个天然优势把他送到演讲班、口才班、小小记者营，他很容易在这些方面取得一流的水平。他参加的各类小小演说家的比赛、主持人比赛，让他在口才与表达方面得到了多方位的锻炼，见识了各类大大小小的舞台与讲台，还让他更喜欢语文课了，他的作文也能快速上手，并参加了多种层级的作文比赛。语文课的自信又会带领他去满怀信心地探索其他科目，帮助他更加爱学校、爱老师、爱同学、爱学习。他小小的年纪就做出决定：将来一定要考中国传媒大学。这就是后天环境帮助孩子成为最好的自己的例子。

五、性格与心理亚健康

没有哪一种性格是完美的，换句话说，每一个人都有着不同的性格缺陷，或多或少，或重或轻。绝大部分的人没有心理疾病，但有可能有心理亚健康。就像身体的亚健康，看起来没有什么病，但不够结实，体质有些弱，需要加强锻炼预防疾病。为了让我们的心理更健康，下面从本然性格这个角度了解一点性格与心理亚健康。

（一）红色性格心理健康警示录

1. 自恋

红色性格的人通常是自我感觉非常良好的，他总认为自己是正确的。他很难允许身边人质疑他做决定的能力。只是要小心，自我感觉良好不能过度，自我评价要足够客观才是对自己清醒而准确的认识，否则会在不知不觉中发展成自恋狂。所以要带着一份觉察，自我评价的同时，也要留意来自周围人的评价。另外，要多自省。

2. 嫉妒

红色性格的人离狂妄自大的距离最近，他们从小到大都很优秀，总是出类拔萃。他们习惯了自己是优秀的，如果身边来了一位比他们还优秀的，他们就会不习惯，甚至不能容忍，很可能由此产生嫉妒心理。也就是说，一旦有人威胁到他们的成就感，他们最容易起嫉妒心。嫉妒会影响到我们的心理健康。

3. 焦虑

红色性格的人经常说别人跟不上他们的节奏，如果他们总得不到想要的结果，就容易急躁和焦虑。红色性格的人最害怕排大队，最害怕堵车，最害怕时间到了结果还没出来……一遇到类似的情况，他们就心急火燎，就会发脾气，就会亲力亲为。可以试着耐心再多一些，把速度放下来。

（二）黄色性格心理健康警示录

1. 行为多动

有些黄色性格的孩子从小就会被误认为是多动症患者，就会被认为是课堂纪律最不好的那一拨，被称为自制力差。在我的学员班上，我发现一些黄色性格的学员坐着坐着就坐不住了，开始晃来晃去，不断地换坐姿，连喝水的频率也比别人高，甚至能够出去溜达一圈再回来，假如这种好动在他们的工作环境里不被允许的话，他们就会非常难受，非常不适应。他们天生喜动不喜静，可以学习如何享受安静。

2. 讨好

黄色性格的人很在乎被认同，特别渴望得到表扬和赞赏。这没什么不好，越认同越有干劲，越能出好的结果。其实红黄蓝绿性格都是如此。只是对黄色性格的人来说，渴望被认同不要过度，如果过度就变成去讨好了："我的发言怎么样，还好吧？""今天这事儿做得漂亮吧？"如果别人觉得不好，他们就很可能顺着别人的看法走。其实不需要太在意别人的看法，你的重点是要设法认定这样做是正确的，如果认定是正确的，那就坚定而坦荡地去做就好了。"只为做对事，不为你说好。"你就是你，那永远不变的积极心态就是最佳状态。

3. 焦虑

其实红黄蓝绿性格都容易有焦虑心理。如果此事的解决需要快速而精准，焦虑水平马上就拔高了；需要对付那些长期带来沉重感的事务时容易焦虑；对约束的承受力比较弱，这个会让他焦虑，他会挣脱而奔向自由，甚至在挣脱中不惜采取些破坏性的行为。沉稳、泰然处之是黄色性格应该追求的。

（三）蓝色性格心理健康警示录

1. 自责

蓝色性格的人是最谦虚的，他们做事情认真、专注，但是一旦他们自己做错事情了，就会生自己的气，跟自己较真，恨不得把自己打一顿。最不妙的是，他们还会耿耿于怀、久久不忘，他们容易自责，容易否定自己。吃一堑长一智最适合他们了。所以，做错事不怕，要接纳自己的不完美，给自己生气的情绪一点认可、一点空间，然后走向阳光，不要深陷其中。

2. 自卑

蓝色性格的人特别需要阳光的温暖。如果只剩下半块面包，蓝色性格的人会很沮丧地说："这可怎么办啊，只剩下半块面包了。"

而黄色性格的人会兴高采烈地说:"太好了,我还有半块面包呢!"今天这个任务没有完成,蓝色性格的人可能会说:"又没完成任务,我就说我不行的,这样下去可怎么办啊?"说话时透露着失望和自责。这样的思维方向容易让人产生自卑心理。事情发生了,学着从积极方面看问题。即便是从悲观处看问题也没关系,未雨绸缪很重要。只是消极思维出现时,要及时觉察并做积极的评估。

3. 多疑

蓝色性格的人是心细的、保守的,同时他们也比较多疑,可能很多蓝色性格的人的成功就源于他们的那份多疑。他们怀疑很多事情,所以他们需要不断地去认证,不断地去确认,这样就能不断地接近正确,最后取得成功。但这份多疑如果用错地方,用得过度了,就是一种心理不健康的表现了。过度多疑就容易小心眼,容易钻牛角尖,以致忽略了高度、广度。

4. 抑郁

抑郁情绪红黄蓝绿性格都会有。蓝色性格的不利因素是,他们心思很多,这事该怎么办,那事该怎么办,觉得有很多事情需要去思考,需要去理顺。越夜深人静越挡不住的思潮翻涌。睡不好觉第二天工作状态就不好,工作状态不好就容易出错,出错了心情就不好,然后吃饭吃不香,无精打采,不高兴,感觉压力很大,看不到希望,身体和心理都会受到巨大影响。

我们经常说所有的人都是孤独的,但是最容易孤独的,同时也最会享受孤独的是蓝色性格的人。他们可以去享受这份孤独,但必须有一个度的把握，如果他们孤独的频率过高，或者经常把自己陷入那种孤独的境地而不能自拔，就容易产生抑郁情绪。抑郁和抑郁症不是一回事，不是有抑郁情绪就一定会得抑郁症，这是两回事儿。蓝色性格的人生活里应多一些"轻松"。

（四）绿色性格心理健康警示录

1. 恐惧人际交往

绿色性格的人最不爱说话，所以经常被别人误解。误解产生了，他们就会不开心，但他们又不善于把自己的不开心表达出来，于是就闷在心里。由于不善言谈，导致他们恐惧人际交往。没有良好的人际交往能力，生活、工作中就会有诸多问题产生。

2. 过激行为

假如说我们内心都有一个专门存放情绪的仓库的话，那么绿色性格的人的这个仓库是最大的。他们可以放很多情绪进去，正是因为这一点，我们会觉得他们脾气很好，可以容忍很多人和事，但是也必须有一个量的把握。再大的仓库也会有放满的时候，如果长时间不对情绪仓库做任何清理，而且继续堆放，绿色性格的人就会情绪大爆发，甚至做出一些令人意外的事，如自杀、犯罪等。

3. 抑郁

由于绿色性格的人腼腆、害羞，不太善于发泄情绪，也不太善于去跟别人分享，也最怕给别人带来麻烦，因此他们更愿意自我消化、自我处理。憋闷的日子久了，杂七杂八的内容搅合在一起，容易产生抑郁、悲伤、失望的情绪。

4. 焦虑

绿色性格的人求稳定，不愿意变化，更难接受快速的、裂变式的变化，所以他们总是被动地服从。经常是别人都跑得很远了，他们才开始起步，这就很可能比别人走得慢，可能被别人忽视，使得行为上更加被动和拖延，长时间这样下去，他们一定会焦虑。

总之，性格是把双刃剑，它可以成就一个人，也可以毁灭一个人。无论做什么事，我们要有意识地引导自己的性格健康发展，让自己的性格优势最大化。同时，要注意适度，任何事情过度了都不好。最后，我想说的是，影响心理健康的不仅仅是性格，还与我们受教育的过程、父母的教养、遗传、职业经历等有关系，但性格是其中一个很重要的因素，我们不要忽视它。

第十二章
完善性格使人生完美

我们不仅要认知自己的性格特点、做自己的朋友，还要在认知的基础上不断完善我们的性格，既不可以完全由着自己的性子来、做性格的奴隶，也不能被自己的性格所局限。不断完善自己的性格，让自己不断成长、更加成熟，这永远是我们人生的一大主题。

有很多学员问我：你同意性格决定命运这种说法吗？我说，性格一定是决定命运的重要因素，但不是唯一的因素！我认为要把对性格的了解放在首位，了解得越多，能意识到的就越多，自我觉察就越多，改善就会自动紧跟其后。

一、相信性格是可以改善的

有人问，性格可以改变吗？我说，本然性格的这个部分很难改变，因为先天的这部分性格有它的稳定性，所以才叫本性难移。但是性格可以改善，可以通过努力来丰富我们的性格对环境适应的多面性。

可以把性格中优势部分的价值最大化,把性格中劣势部分所带有的破坏性力量变弱或规避,学习和获得其他性格的优势部分。下面讲几个人物例子,跟大家分享。

(一)陈叶的故事

陈叶女士是绿色性格,她16岁的时候就当兵了,当兵前,她是一个乖乖女,典型的柔弱女子。来到军营,部队里整齐划一、快速行动,性别意识比军营外薄弱。当兵20年的时间,足以把一个柔弱少女培养出诸多"汉子"的特点,这个"汉子"的特点和红色性格的一些特点不谋而合,于是我们就说,这时她的性格已经是绿+红了。20年以后,她走出军营,不断奋斗,有一天她成为了一家企业的副总。我跟她交流的时候,发现她既有绿色性格女性的柔美,又有红色性格的利落和果断,好令人羡慕的一个性格搭配。也就是说,一个原本绿色性格的女孩,通过当兵的经历,这个后天环境的影响,让她绿色性格中柔弱的力量、求平稳的力量、"磨蹭"的诸多劣势力量都变弱了,甚至被规避;同时又在军营这个后天的环境里习得了很多红色性格的特点,而且20年时间的打磨,这些习得的红色性格特点也已然成为了她稳定的性格特点。离开军营来到社会上,她又不断地糅合这两种性格,不知不觉中使自己形成了更加立体而有魅力的复合型性格。

(二)张蓉蓉的故事

有一个叫张蓉蓉的女性，40岁，她小的时候是一个黄色性格的可爱女生，是家里最小的一个，上面还有3个哥哥。在家里，爸爸妈妈、爷爷奶奶、3个哥哥都很宠她。她经常可以自己说了算，有什么想法只要说出理由就会得到支持。即使有些想法不能很快得到支持，只要她坚持，最终还是能获得胜利。由于她从小就有很多可以做决断的机会，大家都宠着她，她也变得更加自信，有时候还会很倔强。一个小孩子特别受宠是很容易获得一些红色性格特点的，比如非常自信，有更多的机会去"野"，有很多的机会在周围孩子中间做大王……这时这个黄色性格的女孩已经走在了黄+红的路上了。我认识她的时候，她已成为一家大型连锁美容院的院长。成为领导者，红色性格的人具有天然的优势，当年那个可爱的黄色性格的小女生，在她的成长环境中有机会获得很多红色性格的特点，帮助她成为今天黄+红的优秀女性。当然，所谓的优秀，只看性格是不够的，还要看她的学识、修养、能力……我们在这里只是从性格这个角度来分析。

（三）陈英的故事

陈英，一个黄色性格的小女生，非常可爱，能歌善舞。后来她选择了一份特别适合她的职业，就是幼儿园的老师。她在幼儿园工作非常出色，一个大孩子天天领着一群小孩子玩。她的工作天天都离不开玩！孩子们也都很喜欢她，她成为了一个非常优秀的幼教工作者。若干年后，我们再见面的时候，发现她有了很大的变化。以前她是典型的黄色性格，内务杂乱，而且经常丢三落四。现在她已经结婚了，我发现她变得整齐了，变得有条理了。怎么变的呢？后天的环境是如何促使她改善了性格呢？

第一个原因是工作。幼儿园里，小朋友的茶杯、毛巾、小被子要整齐划一，幼儿园对消毒的要求是最严格的，检查卫生的频率也是非常高的。检查卫生就要打扫卫生，于是她养成了很多这样有条理、干净整洁的习惯。成年累月这样的工作内容已经让她的"乱"得到了收敛。而干净整洁、有条理是蓝色性格的人最容易具有的，也就是说，工作环境使她具备了一些蓝色性格的特点。

　　第二个原因是她的丈夫是蓝色性格的人，蓝色性格的丈夫做事是最认真、最有条有理的。丈夫的有条理和整齐划一在无形中又影响到了她。于是今天的陈英就变成了黄色＋蓝色的复合型性格了。

（四）小龙的故事

　　小龙两岁时就离开父母，跟爷爷奶奶生活在一起。二位老人都是蓝色、绿色为主的内向性格，小龙是蓝色性格的孩子，长期跟蓝绿色性格的老人生活在一起，他更加熟悉内向性格的做派，也更加了解内向人对自己的要求和期许。比如：要特别注意安全，若有一点冒险的玩法就会立刻被制止；不要大声哭叫，快乐伴随着小心谨慎是主要旋律。再加上老人年龄、身体的原因，外出的时间少，小龙接触外界的外向性格的锻炼机会也相对少，也就是说，他在内向老人的养育下自己也变得更加内向，逐渐形成蓝＋绿的性格走向。爷爷奶奶精心呵护，小心翼翼，他们一方面很爱孙子，一方面也很怕照顾不好孩子对他们的子女没法交代，于是小龙的开放、轻松、天马行空、大胆尝试、广泛交友……都少了很多体验的机会，而恰恰蓝色性格的孩子更需要这些体验或者锻炼。这些对小龙在心智上最直接的影响就是自信心。小龙在学龄前就开始走向蓝＋绿了。相比之下，如果是走蓝＋红或者蓝＋

> 黄的养育方向会让孩子的性格态势更加立体，性格能量也更加广泛和全面，而不至于成为太过内向的蓝＋绿。

如果说先天的性格特点是底色，那在后天环境中还会被涂染上什么色彩？谁是图染我们的主要人物（通常是养育者）？主要人物的性格又是什么色彩？他们在教养中又是如何沁染我们的？后天环境中还有哪些因素对我们的性格有重要影响？我们如何知道自己的哪些部分是后天被渲染而成的？我们怎样去主动地涂染我们喜欢和渴望的色彩？在我们多彩的人生中有多少成分是"性格决定命运"的？这些思考很有意思！

二、走出性格的误区

那么，具体怎样改善性格呢？我们先来谈谈性格的误区，只有了解了性格的误区，才能避免陷入这些误区，从而改善性格、完善性格。

（一）我的性格不好

很多学员问我："我的性格不好该怎么办……"其实，性格无所谓好坏。如果自己不承认自己，不接纳自己，不喜欢自己，这是很遗憾的事情。不喜欢自己的人一定会自卑的，一旦自卑，成功指数就大打折扣。性格没有好坏之分，只是特点不同。只要你发挥的时机恰当就是非常好的。所以，不要以为自己的性格不好，不存在这种说法。当然，我们指的是本然性格。

（二）对方的性格不好

也有很多人说："我爱人的性格不好，我孩子的性格不好，我们领导的性格简直是太差劲了……"说对方的性格不好也是错误的，对方可能某一个行为表现不太恰当，也只能说，在这个方面，他性格发挥的时机不恰当，但对于整个性格来说是没有好坏之分的，比如细致，你说细致是好还是不好呢？如果发挥的时机恰当就称为认真、细致、周到；如果发挥的时机不恰当就有可能是挑剔、较真儿，甚至钻牛角尖。我们再次强调，性格没有好坏之分，只有发挥的时机是否恰当。所以，请对自己宽容，也对周围的人宽容。

（三）被自己的性格所局限

有人说，红色性格的人是天生当官的料，那么不是红色性格就当不好官吗？这么说也不对。红、黄、蓝、绿性格的人都可以成为优秀的管理者，只是他们做领导的风格会不一样。不要用性格来局限自己、局限你的爱人、局限你的孩子。就因为性格的原因，觉得这个不能做，那个做不来，而错失了很多机会，这是得不偿失的。

所以，不要受性格的局限，可能你去做了一件看似不容易的事情，但正好改善了你的性格，拓展了你的能力，从而会让你变得更加多元化。

（四）误以为很了解对方

有这样一组对话。

> 问：谁最了解你？
> 答：当然我自己最了解我自己。
> 问：谁最了解你丈夫？
> 答：当然是我这个做妻子的最了解他。
> 问：谁最了解你的孩子？
> 答：这个世界上最了解我孩子的莫过于我了。

你真的最了解他吗？很多情况下，我们都误以为很了解对方，但各位请想想，之前你对他的性格了解到底有多少？你对不同年龄人的心理特点了解多少？你了解他成长的历程对他的心理有什么影响吗？等等。其实，了解对方是一个永恒的话题，尤其是跟我们的爱人在一起，跟我们的孩子在一起，要用一辈子的时间去了解对方，知道要在什么地方去迎合对方，要在什么地方帮助对方。人的一生是学习的一生，是不断成长的一生，让我们带着温暖的好奇心去不断地发现和成长吧。

（五）用自己的性格去要求对方

一个快节奏的人会说：你怎么那么慢啊？你可不可以快点？潜台词是：因为我是快的，我看不惯你的慢。

一个慢节奏的人会说：你那么快干吗啊？我都跟不上。你能不能慢点？一点都不顾及我的感受！潜台词是：我在用我的慢去要求你，我有理由要求你，因为我是你的爱人，你理应关照我。

当有一天双方的这种要求太多了，超出了对方的承受力，关系就会恶化了，婚姻关系经常就是因为这个而崩溃的。几乎所有人都在用自己的性格去要求对方，无处不在。妈妈希望孩子的性格像她一样快乐，爸爸希望孩子像他一样有男子汉气概，红色性格的领导嫌下属跟不上自己的步伐，而所有的下属都在说：天啊，领导你可不可以有点同情心？慢点行吗？太狠了！

我们首先都会想着自己的需求，这是人的天性。但如果想提高我们工作的品质，想提高与亲人之间相处的品质，想提高我们做人的品质，不妨了解一下性格，关照一下对方的性格，那样人与人的关系就更容易相处了。

（六）完全用自己的方式与别人相处

很多人都在不知不觉地按照自以为对的方式与人相处，但这样做是很危险的。因为每个人的性格不同，他们喜欢的交流、沟通和相处的方式也会有所不同。当然，也有另外一种人，他们知道自己与别人相处的方式不太理想，但又不知道自己的问题出在哪里。所以，与人相处的过程中，需要了解对方的喜好，找到一个大家都能够接受的方式来相处，这样人际关系才会和谐。自以为对的相处方式，往往会被发现是错误的。

三、改善性格需要遵循六大原则

（一）认识自己，做好自己

如果一个人能最大限度地做自己，那一定是很幸福的。但是，前提是你需要认清自己的性格系统，只有这样才能做你自己。我们身边的核心人物会或多或少地对我们的性格表现有不同的期许，我们要知道哪些部分是自己必须坚守的，哪些部分是可以改善的。比如妈妈总在你面前夸赞姐姐性格好的时候，你要知道自己本性难移的部分是要坚守的，姐姐好的地方，可以学习，但不是舍弃自己去做他人。更要清醒地看到，妈妈很可能是在拿姐姐的优势和你的劣势相比较呢。

（二）没必要改变性格，改善即可

天性中的那部分性格，要想彻底改变是很难的，也是没有必要的。我们要做的不是去改变性格，而是去改善性格。比如，孩子是黄色性格的人，可你看不惯他写作业坐不住，没有必要非得把他改变成蓝色性格的人，但可以帮助他向蓝色性格的人学习，培养安静写作业的习惯。

很多人都在说："我要改变我的性格！"但是总不能改变成功，其中很重要的一个原因就是，他不承认自己原有的性格，放弃原来的自己，想另外塑造一个自己，这几乎是不可能的。比如，如果你是黄色性格的人，首先要做好自己的黄色性格，要认可自己、接纳自己、喜欢自己，在这个基础上可以通过学习其他性格的优点来丰富自己、改善自己。

（三）主动改善，而不是被动改造

如果你想改善一下身边人的性格，就不能强迫他，说："你必须改！你看你就不如人家的性格好。"或者说："老公你看你，你又犯这个毛病了，你还不改？说你多少次了？"你在指使着别人改正，你在命令着别人改，然而谁都不愿意被别人牵着鼻子、打着、骂着去改变，即使做了也是表面功夫。如果真的要改，除非是自己认为有改的必要，他才能够自觉地、主动地、非常快乐地去改。

（四）向不同性格的人学习

向不同性格的人学习主要有两个目的：一是我们可以最大限度地去欣赏各色各样的人。其实欣赏别人也是一种能力和心态，学习对方的优势性格能让我们看清对方，具有很多积极的意义。二是能够更加丰富自己，不断地、有意识地学习对方的优点，不断丰富、完善自己的性格，使自己不断地成长。这个过程是新奇有趣的，你会在不知不觉中发生变化，让自己活得更舒畅，也会变得更受欢迎。

（五）花时间重新评判一下周围的人

以前，你可能因为某个人太倔强了、太霸道了、太自以为是了，所以看不惯他，不愿意跟他在一起。今天，了解了性格特点之后，你可以重新来看待他，你会发现原来是因为他是红色性格的缘故，他不是对你一个人这样，而是对所有的人都这样，他的行为不是道德层面上的，本然性格使然罢了。有了这样的评价，你立刻就会觉得自己变得宽容多了，你的人际关系也会好很多。如果从性格的角度看人，你会对所有人的行为方式都有更多的理解和接纳。重新评判一下我们周围的人，肯定跟以前的评判大不一样，这会给你带来很多的喜悦和新的发现。

（六）请留意同一颜色性格的人

假如你是黄色性格的人，身边也有几个人也是黄色性格，那么你一定要观察一下他们，留意他们喜欢干什么。是的，他们就是你的镜子！你看到了他们为什么而受欢迎，同时你也看到他们怎样的表现会让大家排斥，你就知道该如何改善自己的行为了。保留那些受欢迎的性格特点，对大家排斥的地方多加小心，不一定非要改掉，但与人交往的过程中可以避免。在这个过程中，你就会慢慢成长。

让我们有意识地去完善自己的性格，努力提高自己的性格品质。这样我们的未来会变得更加美好，每个人的幸福指数都会不断提升，这也是我们了解性格话题的终极目的。